应用型本科财务管理、会计学专业精品系列教材

基础会计学

主　编　李　芬　张春燕　姚　毅

副主编　池　玮　王　洁　周　燕　宋娜林　高逸云

参　编　刘恒强　胡秋娥

主　审　鲍　炤

北京理工大学出版社
BEIJING INSTITUTE OF TECHNOLOGY PRESS

内容简介

本教材是高校"基础会计"精品课程建设的成果,根据最新的《企业会计准则》编写,反映了最新的会计理论和会计方法。本教材在编写内容的组织上,完全遵循会计核算的基本程序,共八章,明晰展示了会计实务中凭证、账本和报表的关系及填编过程。

本教材主要用作大学本科管理、经济等学科相关专业基础课教学用书,也可以作为各类企业的培训教材和自学参考教材。

版权专有　侵权必究

图书在版编目（CIP）数据

基础会计学/李芬,张春燕,姚毅主编. —北京：
北京理工大学出版社,2021.11（2023.8重印）

ISBN 978-7-5763-0698-9

Ⅰ. ①基… Ⅱ. ①李… ②张… ③姚… Ⅲ. ①会计学
—教材 Ⅳ. ①F230

中国版本图书馆 CIP 数据核字（2021）第 235458 号

出版发行 /	北京理工大学出版社有限责任公司
社　　址 /	北京市海淀区中关村南大街 5 号
邮　　编 /	100081
电　　话 /	（010）68914775（总编室）
	（010）82562903（教材售后服务热线）
	（010）68944723（其他图书服务热线）
网　　址 /	http：//www.bitpress.com.cn
经　　销 /	全国各地新华书店
印　　刷 /	三河市天利华印刷装订有限公司
开　　本 /	787 毫米 × 1092 毫米　1/16
印　　张 /	12.75	责任编辑 / 王晓莉
字　　数 /	297 千字	文案编辑 / 王晓莉
版　　次 /	2021 年 11 月第 1 版　2023 年 8 月第 3 次印刷	责任校对 / 周瑞红
定　　价 /	42.50 元	责任印制 / 李志强

图书出现印装质量问题,请拨打售后服务热线,本社负责调换

前 言

"基础会计学"是会计学专业的基础专业课,是管理、经济类学科相关专业必修的一门重要的学科基础课,也是会计学专业的学生进行后续专业课程学习的一门先导课。为配合国家一流课程建设和会计学专业教学改革的需要,我们特组织高校"基础会计"精品课程建设课程组的教师编写了这本教材。在编写过程中,我们系统地研究了应用型本科教育的特点,总结了多年教学、科研和实践经验,吸收了会计的最新研究成果,借鉴了国内外同类教材的先进经验,做到理论与实务并重,突出应用性。

本教材在内容和体系上有所创新。作为会计学专业的基础先导课,在内容上要能突出对后续专业课程的引导性和启发性,同时,在结构上要能对会计基本核算技能的实践操作如实反映。尽管现在会计的热门话题离不开财务机器人,很多人认为财务机器人可以代替基础会计,甚至他们在这方面实际操作的观点也得到了很多学者的支持,但是不得不承认的是,基础会计理论和方法的系统学习是一切会计技能、方法、工具发展的前提,因此,基础会计内容和体系上的创新有其必要性。

本教材共八章。第一章为总论,介绍了会计的基础理论知识;第二章介绍了会计要素和会计等式;第三章和第四章是重点章节,介绍了账户和复式记账法以及借贷记账法的应用;第五章、第六章和第八章分别介绍了会计凭证、会计账簿和财务报告等记账工具和载体;第七章主要介绍了财务处理程序与会计组织。以往的很多基础会计教材把会计账务处理程序的内容放在会计报表之后,不利于学生对会计程序的了解,因此,这是本教材结构调整的创新之处。

本教材是高校"基础会计"精品课程建设的成果,由武昌理工学院会计系李芬、鲍焰分别担任第一主编和主审,对全书的内容和结构进行统筹,对编写过程中的问题进行及时的更正。第一章由武昌理工学院会计系李芬编写,第二章由武昌理工学院会计系池玮编写,第三章由武昌理工学院会计系周燕编写,第四章由武昌理工学院会计系张春燕编写,第五章由武昌理工学院会计系高逸云编写,第六章由武昌理工学院会计系宋娜林编写,第七章由武昌理工学院会计系李芬、武汉学峰伟业会计服务有限公司财务总监刘恒强、湖北长江报刊传媒(集团)有限公司财务部部长胡秋娥编写,第八章由武昌理工学院会计系王洁编写。

在本教材的编写过程中,我们参考了大量的书籍,在此对相关作者和出版社表示最诚挚的感谢。同时，我们还要特别感谢对本教材的出版高度重视并给予大力帮助的北京理工大学出版社。此外，武昌理工学院十分重视和支持课程建设，在此我们对有关部门领导和相关人员深表谢意！

　　对于本教材存在的问题和不足之处，我们恳请广大读者批评指正，以便再版时修改。

编　者
2020 年 5 月

目 录

第一章 总论 ……………………………………………………………………………… (1)
  第一节 会计的含义 ……………………………………………………………… (1)
  第二节 会计的对象 ……………………………………………………………… (3)
  第三节 会计的职能和目标 ……………………………………………………… (3)
  第四节 会计假设和会计确认、计量基础 ……………………………………… (4)
  第五节 会计信息质量要求 ……………………………………………………… (6)
  第六节 会计核算方法 …………………………………………………………… (7)

第二章 会计要素和会计等式 …………………………………………………………… (14)
  第一节 会计要素 ………………………………………………………………… (15)
  第二节 会计等式 ………………………………………………………………… (20)

第三章 账户和复式记账 ………………………………………………………………… (28)
  第一节 会计科目和账户 ………………………………………………………… (29)
  第二节 复式记账 ………………………………………………………………… (33)

第四章 借贷记账法的应用 ……………………………………………………………… (51)
  第一节 资金筹集业务的核算 …………………………………………………… (52)
  第二节 材料采购过程的核算 …………………………………………………… (56)
  第三节 生产过程的核算 ………………………………………………………… (59)
  第四节 销售过程的核算 ………………………………………………………… (62)
  第五节 财务成果业务的核算 …………………………………………………… (66)

第五章 会计凭证 ………………………………………………………………………… (82)
  第一节 会计凭证概述 …………………………………………………………… (82)
  第二节 原始凭证 ………………………………………………………………… (84)
  第三节 记账凭证 ………………………………………………………………… (89)

第四节　会计凭证的传递和保管 ………………………………………… (95)
第六章　会计账簿 ……………………………………………………………… (104)
　　第一节　会计账簿概述 …………………………………………………… (104)
　　第二节　会计账簿的设置和登记 ………………………………………… (107)
　　第三节　对账和结账 ……………………………………………………… (115)
　　第四节　会计账簿的更换和保管 ………………………………………… (118)
第七章　账务处理程序与会计组织 …………………………………………… (126)
　　第一节　账务处理程序概述 ……………………………………………… (126)
　　第二节　科目汇总表账务处理程序 ……………………………………… (127)
　　第三节　会计工作组织 …………………………………………………… (130)
第八章　财务报告 ……………………………………………………………… (136)
　　第一节　财务报告概述 …………………………………………………… (136)
　　第二节　资产负债表 ……………………………………………………… (140)
　　第三节　利润表 …………………………………………………………… (144)
　　第四节　现金流量表 ……………………………………………………… (147)
　　第五节　所有者权益变动表 ……………………………………………… (149)
　　第六节　附注 ……………………………………………………………… (150)

模拟试题 ………………………………………………………………………… (157)
　　模拟试题（一） …………………………………………………………… (157)
　　模拟试题（二） …………………………………………………………… (163)
　　模拟试题（三） …………………………………………………………… (168)
　　模拟试题（四） …………………………………………………………… (173)
　　模拟试题（五） …………………………………………………………… (178)
　　模拟试题（六） …………………………………………………………… (183)
　　模拟试题（七） …………………………………………………………… (187)
　　模拟试题（八） …………………………………………………………… (191)

参考文献 ………………………………………………………………………… (195)

第一章

总 论

学习目标

通过本章学习，了解会计的含义和发展阶段，理解会计对象的具体内涵和会计职能之间的关系，熟悉会计四大假设、会计确认和计量基础以及几种基本的会计核算方法的名称，弄清会计信息质量特征对会计目标的作用。

导入案例

很久以前，古罗马一位将军出征前，让他的军师到邻国采购了一批军备物资。无数的金币换回了将军征战四方所需的战马、兵器、粮草、战车等物资。但是，在军师组织人马将这些物资运往古罗马的途中，因为要经过迷雾森林，要穿过高山、河流，所以很多物资在运输的途中被毁损了。军师带着剩下的物资回到将军面前如实说明情况。将军说，我怎么确定你把所有的金币都买了物资，而物资在回来的途中被毁损了呢？军师首先拿出了有将军手印的用于购买军备物资的布帛，然后再拿出在邻国买物资盖印证的布帛，最后还拿出了在途中物资清点毁损后清点人员盖手印的布帛，上面清楚记载了毁损多少物资、还剩余多少物资。将军看到这些"布帛"，认为军师办事稳妥，嘉奖了军师。

这些"布帛"在会计学上是什么？学完本章后，你可以从会计专业的角度找到非常精准的答案。

第一节 会计的含义

一、会计的定义

我们对"会计"并不陌生。在日常生活中，我们经常能听到这样的说法——会计部门、会计人员、会计工作。目前，无论是我们熟知的大中小型企业，还是政府部门、行政机构都配备了相关的会计人员。作为初学者来说，你可能很希望知道会计究竟是干什么的，为什么这么多的企业和机构都有会计，没有会计行不行。

你知道投资者是如何了解被投资企业的状况，进而确定如何进行后续投资的吗？其实，正是被投资企业的会计人员编制的会计报表为这些投资者提供了参考。很多企业会向银行借款，那么银行又是根据什么来给客户企业提供借款的呢？依然是会计报表。那么，会计报表是用什么方法、什么程序编制的呢？如果这些问题没有处理好，会计报表也无法有效提供有效信息，投资者和银行都没法正常给企业提供发展所需要的资金。可以说，会计已经成为企业发展的必备要件。

我们可以将会计定义为：会计是以货币为主要计量单位，运用专门的方法和程序，客观反映特定主体的经济活动，并通过价值指标对主体经济活动进行有效监督，旨在向有关方提供会计信息，提高经济效益的一种经济管理活动。

二、会计的产生与发展

会计是社会生产活动发展到一定阶段的产物。人类在经济活动中，总希望以尽量少的投入获得尽可能多的产出，客观上就要求对经济活动进行规划，加强经济管理。而加强经济管理，仅仅依靠记忆和经验是远远不够的，需要对相关人、财、物的购买、生产、消耗和分配进行准确的确认、计量、记录和报告，甚至还需要进行比较、分析、预测等，随之便产生了会计。会计发展的历史一般可以分为古代会计、近代会计和现代会计三个阶段。

（一）古代会计阶段

我国古代会计阶段是指从旧石器时代的中晚期至封建社会末期。这一时期的会计所运用的主要技术方法是原始的计量记录法、单式记账法和萌芽状态的复式记账法。

在我国，远在伏羲时期就出现了"结绳记事"，以及在树木、石头或者龟甲上刻记符号记事等行为。到了原始社会末期，出现用文字、数码刻记等方式对生产过程和结果进行简单记录和计量的行为。可以说，这是会计的萌芽阶段。我国在西周时期（约公元前1046年至公元前771年）就建立了官厅会计，并首次出现"会计"一词。到了唐宋时期，开始用"四柱清册法"进行结账和报账。所谓"四柱"，即旧管、新收、开除、实在，相当于现代会计术语的期初结存、本期购进、本期发出和期末结存，通过"旧管＋新收－开除＝实在"，即可检查日常记录的正确性。

到了明朝，我国会计开始用货币作为统一的计量单位。明末清初，我国开始出现"龙门账"，即把全部账目划分为"进"（即收入）、"缴"（即支出）、"存"（即资产）、"该"（即权益和负债）四大类，这和现代会计对账户的分类方法已经非常接近了。

（二）近代会计阶段

近代会计是指从15世纪末期到20世纪40年代。这一时期的会计方法有两大重要发展：一是复式记账法的不断完善和推广；二是成本会计的产生和迅速发展。

1494年，意大利数学家卢卡所著《算术、几何、比及比例概要》一书出版发行，其中"计算与记录详论"部分系统介绍了复试记账，确立了复式记账法中借贷记账法的地位，并得以在世界各地传播，奠定了现代会计的基础。在我国，借贷记账法是清朝后期由我国第一位注册会计师谢霖从日本引进的。

受1860英国工业革命的影响，世界范围内现代工厂发展迅猛，企业对利润的关心促使了成本会计的产生与发展。

（三）现代会计阶段

现代会计是指从20世纪50年代开始到目前的阶段。此阶段会计发展有两个重要标志：一是会计核算手段的现代化，出现了会计电算化。1946年美国诞生了世界上第一台电子计算机，1954年便在会计中得到初步运用。二是随着生产和管理科学的发展，会计分化为财务会计和管理会计两大分支。财务会计产生的报告一般称为外部报告，管理会计产生的报告一般称为内部报告。

由会计产生和发展的历程可以看出，经济越发展会计越重要。会计理论、方法和技术随着社会经济的发展、科学技术的进步和经济管理要求的提高而不断发展。

第二节　会计的对象

会计对象是会计作为一项经济管理活动所反映和监督的内容。会计的具体对象是企业、行政和事业单位内部以价值体现的经济活动。

各个企业及行政、事业单位虽然工作性质和任务有所不同，但是它们的经济活动却不同程度地与社会再生产过程中的生产、交换、分配和消费有关。各企业及行政、事业单位经济活动的价值表现形式主要是：资金的取得、资金的运用与消耗、资金的回收与增值，以及资金的分配。

就企业而言，工业企业的主要经济活动表现为采购活动、生产活动、销售活动三个阶段，商业企业的主要经济活动表现为购买和销售两个过程，行政、事业单位的经济活动则表现为预算资金的取得、拨出和使用情况。

企业单位经济活动的主要目的是营利，我们将其称为经营性会计主体，行政、事业单位的经济活动不以营利为目的，是以财政预算资金去完成某项特定任务，我们将其称为非经营性会计主体。

会计学界通常把会计对象的具体内容称为会计要素，会计要素是会计对象的具体化。我国会计准则将会计要素划分为资产、负债、所有者权益、收入、费用和利润。在本教材第二章的学习中，我们会接触到会计要素的相关知识。

第三节　会计的职能和目标

一、会计的职能

会计的职能是会计作为一项经济管理活动所固有的功能。会计的两个基本职能是反映和监督。

（一）反映职能

会计的反映职能也称为会计的核算职能，是指会计对经济活动进行确认、计量、记录和报告。反映职能是会计最基本的职能，既可以反映过去的经济活动，也可以对未来的经济活动进行预测。

会计确认是指判断所发生的经济活动按照特定的标准应归属于哪个会计要素的过程；会计计量是会计确认为相应会计要素后，应当以多少金额反映的问题；会计记录是用会计专业方法在特定会计载体（例如凭证、账簿和报表）上记录的过程；会计报告是将会计确认、计量、记录的资料汇总，编制反映特定经济内容的报告文件，给报表使用者提供会计信息的过程。

（二）监督职能

会计监督是指通过预测、决策、控制、分析、考评、稽核等具体方法，促使经济活动按照规定的要求运行，以达到预定的目标。监督职能是会计的另一个基本职能。

反映与监督是会计的两个基本职能，会计反映是会计监督的基础，也是会计监督的客观依据，没有会计反映，会计监督就失去了存在的基础；会计监督则是会计反映的质量保证。

会计职能不是一成不变的，除所讲的基本职能外，会计还具有预测经济前景、参与经济决策、评价经营业绩等职能。

二、会计目标

会计目标是指会计活动应达到的结果。我国企业会计准则规定，企业应当编制财务会计报告，目标是向报告使用者提供与企业财务状况、经营成果和现金流量等有关的会计信息，反映管理层受托责任履行情况，有助于财务会计报告使用者做出经济决策。

会计目标的设计主要包括三个方面的问题，即：谁是会计信息使用者？会计信息使用者需要哪些信息？以什么方式来提供会计信息？财务会计报告的使用者主要包括投资者、债权人、企业管理者、政府及有关部门和社会公众，其中，除了企业管理者是内部会计信息使用者外，其他是外部会计信息使用者。投资者主要关注企业的盈利能力和发展能力信息，债权人主要关注企业的偿债能力信息，企业管理者主要关注能提升企业管理效率和盈利能力的信息，政府部门主要关注企业资金的使用是否符合国家相关政策，社会公众希望从企业财务报告中获得对自己投资有用的信息。

为了提供上述有用的会计信息，需要假定会计核算的空间范围（会计主体），假定会计主体持续经营和会计分期，假定用货币进行统一的计量，并需要将会计对象具体化为会计要素等。由此可见，会计目标奠定了一切会计理论的基础。

第四节 会计假设和会计确认、计量基础

一、会计假设

会计假设又称会计核算基本前提，是指为了保证会计工作的正常进行，对会计核算的范围、内容、基本程序和方法所作的限定。会计假设是现代会计的基本先决条件，是会计理论中最基础的组成部分。

（一）会计主体

会计主体是会计所服务的特定组织。会计主体假设规定了会计核算的空间范围，即本组织的会计只能记录该组织的账，不能记其他组织的账。会计主体可以是企业、行政或者事业单位等社会组织，也可以是这些组织内部的一个单位或者一个部门，还可以是多个企业形成的企业集团。

一般情况下，法律主体都是会计主体，但是有的会计主体并不是法律主体。如，个人独资企业与合伙企业、企业车间、分厂、分公司、集团公司等均可以是会计主体，但并不是法人。

（二）持续经营

持续经营假设是指会计核算应以持续、正常的生产经营活动为前提，而不考虑企业是否会破产清算。会计持续经营是会计分期的前提条件。只有假定企业持续经营，企业相关费用的分摊和相关收入的分期确认才有基础，才能形成比较合理的资产计价，以及各期比较合理的利润等经营成果。

（三）会计分期

会计分期假设是指在企业持续经营的基础上，人为地将企业持续经营的会计活动划分为若干首尾相连的会计期间，以便定期清算账目和编制报表。会计分期假设规定了会计核算的具体时间范围，是权责发生制原则的基础。我国《企业会计准则——基本准则》规定，我国财务报告的会计期间分为年度和中期，半年度、季度和月度都是会计中期。

（四）货币计量

货币计量假设是指企业在会计核算过程中采用货币为主要计量单位，记录反映企业的生产经营活动。货币计量假设要求以货币为主要计量单位，但是也可以有其他计量单位，比如，可以实务计量单位（件、把、张等）和劳务计量单位（天、小时等）作为辅助计量单位。同时，货币计量假设要求用单一货币，即记账本位币计量，如果有非记账本位币，需要用相关汇率折算为记账本位币。另外，货币计量假设还要求币值是稳定的，这是历史成本计量原则的基础。

二、会计基础

我国会计准则规定，企业会计确认以权责发生制原则为基础，会计计量以历史成本原则为基础。在权责发生制下，企业应按收入的权利和支出的义务是否属于本期来确认收入、费用的入账时间，而不是以款项的收支是否在本期发生为标准。权责发生制一般适用于企业单位。

收付实现制是相对于权责发生制的另外一种确认基础，它以实际收到或者付出款项为确认收入和费用的标准。例如，某企业 2018 年 12 月 4 日销售商品一批，未收到款项，售价 20 000 元，商品已经到达购买方，货款于 2019 年 1 月 5 日收到。如果采用权责发生制，不论货款是否收到，应在 2018 年 12 月 4 日确认收入的实现；如果采用收付实现制，应在 2019 年 1 月 5 日收到货款才能确认收入的实现。收付实现制一般适用于行政、事业单位。

历史成本计量属性是一种比较基本的计量属性，除了历史成本，还有重置成本、可变现净值、现值和公允价值等计量属性。我国会计准则规定，历史成本是计量基础。例如，某企业的一项固定资产，10年前的购买价格是30 000元，则在该项固定资产使用寿命内，一般会一直按照30 000元的原价计提折旧，不会改变其原价，30 000元就是历史成本。

第五节　会计信息质量要求

会计目标是提供有用的会计信息，那么，什么是有用的会计信息呢？我国会计准则规定的会计信息质量要求共八项。会计信息质量要求是会计核算的一般原则。

一、可靠性

可靠性是指会计核算必须以实际发生的经济业务及证明经济业务发生的合法凭证为依据，如实反映财务状况、经营成果、现金流量和权益变动等信息，做到内容真实，数字准确，资料可靠。

二、相关性

相关性是指企业提供的会计信息应当能够反映企业的财务状况、经营成果和现金流量，以满足会计信息使用者进行决策的需要。会计工作在收集、加工、处理和提供会计信息的过程中，应考虑各方面的要求，能够满足各方面决策的要求；对特定用途的信息，可以采用其他形式加以提供，不一定通过财务报告来提供。

三、可理解性

可理解性是指一切会计资料、报告都要全面、简明、清楚地加以表达，便于财务报告使用者理解和使用。要求会计人员在会计工作中，运用会计专业方法加工、整理会计信息，而且要求会计记录和会计报表数量关系清晰、明确，会计术语通俗易懂。

四、可比性

可比性是指会计核算应当按照规定的会计处理方法进行，会计指标应当一致，相互可比。包括不同会计主体同一会计期间的相同会计信息应相互可比；同一企业会计核算方法前后各期对于相同或者相近的经济业务采用的会计方法应当保持一致，不得随意更改。注意，前后各期不得随意变更，并不意味着所选择的会计政策不能做任何变更，有关法律法规发生变化或为了满足信息有用性要求，企业可变更会计政策；另外，企业必须对变更的会计政策在会计报表附注中做恰当处理和披露。

五、实质重于形式

实质重于形式是指企业应当按照交易或者事项的经济实质进行会计核算，即不应当仅仅将它们的法律形式作为会计核算的依据。例如，融资租赁中租入方租赁资产的确认体现了实质重于形式原则。

六、重要性

重要性要求是指企业所提供的会计信息应当根据其重要程度分别采用详略不同的方法进行会计处理。重要性判断标准取决于对信息使用者作出的决策的影响程度。重要的会计事项，必须按照规定的会计方法和程序进行处理，并在财务报告中予以充分、准确的披露；次要的会计事项，在不影响会计信息质量前提下，可适当简化处理。

七、谨慎性

谨慎性要求也称稳健性要求，是指企业对交易或者事项进行会计确认、计量和报告时，应当保持应有的谨慎，避免高估资产和收益、低估负债和费用。体现谨慎性原则的会计方法有计提资产减值准备、加速折旧等。

八、及时性

及时性原则要求会计核算应当及时进行，不得提前或延后。具体在会计工作中，要求及时收集会计数据并取得有关凭证；对会计数据及时进行处理，及时编制财务报告；及时传递会计信息。

第六节　会计核算方法

会计方法是反映会计对象，达到会计目标，实现会计职能的手段，包括会计核算的方法、会计监督的方法和会计分析的方法。其中，会计核算方法是最基本的会计方法。会计核算方法一般包括设置会计科目和账户、复式记账、填制和审核凭证、登记账簿、成本计算、财产清查和编制财务报表等。

一、设置会计科目和账户

账户是分门别类地反映和控制经济业务的工具，会计科目是会计账户的名称。设置和运用会计科目和账户是连续地归类记录经济业务数据，从而提供各要素项目的动态和状况所使用的专门方法。

二、复式记账

复式记账法是全面地、互相联系地记录经济业务前因后果所使用的专门方法。复式记账法比较常用的是借贷记账法。

三、填制和审核凭证

会计凭证是初步记录经济业务，并作为记账依据的证明文件。填制和审核会计凭证是初步记录经济业务，保证其合理、合法而使用的专门方法。所有会计凭证只有经过会计部门和有关部门审核无误，才能作为记账的依据，为经济管理提供真实可靠的会计信息，实行会计监督。

四、登记账簿

账簿是记录经济业务的簿籍。设置和登记账簿，是序时或分类记录经济业务所使用的专门方法。会计账簿是编制财务报表的主要依据，设置会计账簿后定期进行结账、对账，能为编制财务报表提供完整而又系统的会计数据。

五、成本计算

成本计算是指对生产经营过程中发生的耗费按成本对象归集，从而计算其总成本和单位成本所使用的专门方法。成本计算是计算营业成本、核算利润的关键步骤。

六、财产清查

财产清查是核实货币及实物资产账实是否相符所使用的专门方法。如果通过财产清查，发现账实不符，应查明原因，进行相关账务处理，确保账面记录和实际相符。

七、编制财务报表

编制财务报表是系统地提供会计信息所使用的专门方法，是会计信息的最终载体。财务报表一般具有比较固定的格式，以便于报表使用者阅读。

上述各种会计核算方法并不是独立的，而是按照会计账务处理程序的不同类型，组成一个相互联系的整体。一般把填制和审核会计凭证、登记账簿、成本计算、财产清查和编制报表看成一个会计循环。

本章小结

本章主要阐述了基础会计的基本理论、基本知识和基本方法。会计是以货币为主要计量单位，运用专门的方法和程序，客观反映特定主体的经济活动，并通过价值指标对主体经济活动进行有效监督，旨在向有关方提供会计信息，提高经济效益的一种经济管理活动。会计对象是以货币表现的经济活动，工业企业和商业企业的经济活动不一样，会计对象也不一样。会计具有反映和监督两个基本职能。会计有会计主体、持续经营、会计分期和货币计量四个假设，会计目标是向报表使用者提供决策有用的信息。权责发生制和历史成本分别是会计的确认基础和计量基础。会计信息的质量特征是会计目标实现的有效保证。

本章练习题

一、单项选择题

1. 会计的主要计量单位是（　　）。
   A. 时间单位　　　　　　　　　B. 货币单位
   C. 实物单位　　　　　　　　　D. 空间单位
2. 会计对象是（　　）。
   A. 会计的主体　　　　　　　　B. 会计主体的经济活动
   C. 会计的大致时间范围　　　　D. 会计的具体时间范围
3. 会计的基本职能是（　　）。
   A. 反映和监督　　　　　　　　B. 反映和管理
   C. 控制和监督　　　　　　　　D. 反映和分析
4. 会计的目标是（　　）。
   A. 反映和监督　　　　　　　　B. 反映和管理
   C. 控制和监督　　　　　　　　D. 提供有用的会计信息
5. 确定会计核算空间范围的会计假设是（　　）。
   A. 会计主体　　　　　　　　　B. 会计分期
   C. 持续经营　　　　　　　　　D. 货币计量
6. 确定会计核算具体时间范围的会计假设是（　　）。
   A. 会计主体　　　　　　　　　B. 会计分期
   C. 持续经营　　　　　　　　　D. 货币计量
7. 会计确认的基本原则是（　　）。
   A. 权责发生制　　　　　　　　B. 收付实现制
   C. 配比原则　　　　　　　　　D. 相关性原则
8. 会计计量的基本原则是（　　）。
   A. 公允价值计量　　　　　　　B. 重置成本计量
   C. 历史成本计量　　　　　　　D. 可变现净值计量
9. 谨慎性原则要求（　　）。
   A. 不高估资产和收益　　　　　B. 不低估资产和收益
   C. 一切资产、负债用历史成本计量　　D. 不高估负债和费用
10. 会计方法中最基本的方法是（　　）。
    A. 会计核算　　　　　　　　　B. 会计分析
    C. 会计预测　　　　　　　　　D. 会计控制

二、多项选择题

1. 工业企业的经济活动一般包括（　　）。

A. 采购 B. 生产
C. 销售 D. 分析
2. 会计的基本假设有（　　）。
A. 会计主体 B. 持续经营
C. 会计分期 D. 货币计量
3. 会计信息质量的特征有（　　）。
A. 历史成本原则 B. 权责发生制原则
C. 客观性原则 D. 及时性原则
4. 可比性原则要求（　　）。
A. 提供与会计信息使用者相关的信息
B. 不同企业相同业务的会计信息应当可比
C. 同一企业不同期间相同业务的会计信息应当可比
D. 及时提供会计信息
5. 下列属于会计核算方法的有（　　）。
A. 计量 B. 确认
C. 设置科目和账户 D. 填制凭证

三、计算题

某企业 2019 年 3 月发生下列经济业务：

（1）销售产品 70 000 元，其中 30 000 元已收到并存入银行，其余 40 000 元尚未收到。

（2）收到现金 800 元，是上月提供的劳务收入。

（3）用现金支付本月的水电费 900 元。

（4）本月应计劳务收入 1 900 元。

（5）用银行存款预付下年度房租 18 000 元。

（6）用银行存款支付上月借款利息 500 元。

（7）预收销售货款 26 000 元，已通过银行收妥入账。

（8）本月负担年初已支付的保险费 500 元。

（9）上月预收货款的产品本月实现销售收入 18 000 元。

（10）本月负担下月支付的利息费用 1 200 元。

要求：

（1）按收付实现制原则计算 3 月份的收入、费用。

（2）按权责发生制原则计算 3 月份的收入、费用。

巩固练习

一、单项选择题

1. 会计的基本职能是（　　）。
   A. 核算和考核
   B. 预测和决策
   C. 核算和监督
   D. 分析和管理

2. 下列方法不属于会计核算方法的是（　　）。
   A. 成本计算
   B. 成本分析
   C. 复式记账
   D. 财产清查

3. 对固定资产采用加速折旧法计提折旧，体现了会计信息质量的（　　）。
   A. 可比性要求
   B. 相关性要求
   C. 谨慎性要求
   D. 可比性要求

4. 某企业2018年4月20日采用赊销方式销售产品60 000元，7月20日收到货款存入银行。按权责发生制核算时，该项收入应归属于（　　）。
   A. 2018年4月
   B. 2018年5月
   C. 2018年6月
   D. 2018年7月

5. 会计主体是（　　）。
   A. 企业单位
   B. 企业法人
   C. 法律主体
   D. 独立核算的特定单位

6. 会计信息质量要求中，要求各企业按国家统一规定的会计程序和方法进行会计核算的是（　　）。
   A. 可比性要求
   B. 可理解性要求
   C. 相关性要求
   D. 重要性要求

7. 下列业务不属于会计核算范围的是（　　）。

A. 用银行存款购买材料

B. 生产产品领用材料

C. 企业自制材料入库

D. 与其他企业签订购料合同

8. 一般来说，会计主体与法律主体（　　）。

A. 是有区别的

B. 相互一致

C. 不相关

D. 相互可替代

9. 按照权责发生制原则，下列各项目中属于本年收入的是（　　）。

A. 收到上年销售产品的货款 12 345 元

B. 预收下年度仓库租金 6 460 元

C. 预付下年度财产保险费 7 800 元

D. 本年销售产品的价款 32 490 元，货款于下年收到

10. 建立货币计量假设的基础是（　　）。

A. 币值变动

B. 人民币

C. 记账本位币

D. 币值不变

二、多项选择题

1. 按权责发生制原则要求，下列收入或费用应归属于本期的有（　　）。

A. 对方暂欠的本期销售产品的收入

B. 预付的明年的保险费

C. 本月收回的上月销售产品的货款

D. 尚未付款的本月借款利息

E. 摊销以前已付款的报纸杂志费

2. 根据权责发生制原则，应计入本期的收入和费用的会计事项有（　　）。

A. 本期实现的收入，并已收款

B. 本期实现的收入，尚未收款

C. 属于本期的费用，尚未支付

D. 属于以后各期的费用，但已支付

E. 属于本期的费用，已经支付

3. 下列属于会计信息质量要求的有（　　）。

A. 可靠性

B. 权责发生制

C. 谨慎性

D. 可理解性

E. 及时性

4. 会计主体假设和会计分期假设对会计工作从（　　）上进行了限制。

A. 内容

B. 人员

C. 时间

D. 空间

E. 地点

5. 下列属于会计确认基础和计量基础的有（　　）。

A. 历史成本原则

B. 权责发生制

C. 谨慎性

D. 相关性

E. 及时性

三、判断题

1. 我国所有企业的会计核算都必须以人民币为记账本位币。　　　　　　（　　）
2. 谨慎性要求企业尽可能低估资产、少计收入。　　　　　　　　　　　（　　）
3. 会计对象就是会计假设。　　　　　　　　　　　　　　　　　　　　（　　）
4. 权责发生制以权益、责任是否发生为标准来确定本期收益和费用。　　（　　）
5. 可比性要求企业会计核算反映的信息与经济决策相关。　　　　　　　（　　）

四、计算分析题

资料：ABC 公司在 2020 年 7 月发生了下列涉及收入的业务：

（1）收到 6 月份的销货欠款 15 000 元并存入银行。

（2）销售给长江公司产品 60 000 元，已收货款 40 000 元并存入银行，余款 20 000 元计划于 8 月份支付。

（3）收到江汉公司预付货款 30 000 元并存入银行。

（4）销售给大海公司产品 10 000 元，货款大海公司 6 月份已经全部预付。

要求：

分别按权责发生制和收付实现制计算 ABC 公司 7 月份的销售收入。

第二章

会计要素和会计等式

学习目标

通过本章学习,了解会计要素的含义,理解各会计要素的特征、分类及计量方式,掌握不同经济内容归属的会计要素,掌握反映会计要素之间关系的会计等式及其变化形式,弄清经济业务对会计等式的影响。

导入案例

王晴于2020年4月1日成立福美餐饮公司,提供餐饮管理服务和食品销售,第一个月的交易情况如下:

(1) 收到投资者投入资本100 000元存入银行。
(2) 购入大米、面粉等主食所需原材料一批,共计6 000元,已用银行存款支付。
(3) 从银行提取现金1 000元,以备零星开支。
(4) 外送订购盒饭50盒,价款共计900元,款项未收。
(5) 当日收到营业收入15 000元,存入银行。
(6) 以银行存款支付本月水电费1 180元。
(7) 向银行借入期限为6个月的借款30 000元并存入银行。
(8) 发放员工工资25 000元。

王晴聘请会计专业的毕业生李尚做兼职会计。企业该月应记录哪些交易和事项?应列入哪些会计要素?每笔交易所引起会计要素有关项目的增减变化情况是怎么样的?李尚请你代为分析,你是否也很迷茫?请在本章寻求答案。

第一节　会计要素

会计要素是对会计核算和监督的内容按照一定的标准进行基本分类以后所形成的若干要素，是会计对象的具体化，是用于反映企业财务状况和经营成果的基本单位。我国《企业会计准则——基本准则》将会计要素划分为资产、负债、所有者权益、收入、费用和利润。其中，资产、负债、所有者权益反映企业一定时点的财务状况，属于静态会计要素，是组成资产负债表的内容；收入、费用、利润反映企业一定时期的经营成果，属于动态会计要素，是组成利润表的内容。

一、资产

（一）资产的定义

资产是指企业过去的交易或者事项形成的，由企业拥有或者控制的，预期会给企业带来经济利益的资源。资产是会计六要素中最重要的要素。一个企业若没有资产，就没有经营的基础，也就不会产生其他会计要素。

（二）资产的特征

1. 资产是由过去的交易或者事项所形成的

企业过去的交易或者事项包括购买、生产、建造行为或其他交易或者事项。预期在未来发生的交易或者事项不形成资产。如企业在 5 月与他人签订一项购买汽车的合同，约定的购买时间是 6 月，则在 5 月不能将汽车作为资产入账。

2. 资产必须是由企业拥有或者控制的

由企业拥有或者控制，是指企业享有某项资源的所有权，或者虽然不享有某项资源的所有权，但该资源能被企业控制。需要注意的是，这里的控制权并不是指对该项资产的所有权，而是指实质上控制该项资产所带来的经济利益的权利。比如，企业融资租入的设备，在租赁期满之前，企业虽然对该设备没有所有权，但是可以控制和支配这些资产，并且这些资产可以与企业拥有的其他资产一样为企业带来未来经济利益，按照实质重于形式的原则，企业应当在租赁期间将其视为自有资产入账。而经营租入的资产则不能确认为企业的资产入账。

3. 资产预期会给企业带来经济利益

预期会给企业带来经济利益，是指资产单独或与其他资产相结合，直接或间接导致现金和现金等价物流入企业的潜力。这是资产的本质所在，只有那些能够给企业带来未来经济利益的资源才能确认为资产。某项支出如果具有未来经济利益的全部或一部分，它就可以作为企业的资产；否则就只能作为费用或损失。比如，一条在技术上已经被淘汰的生产线，尽管在实物上仍然存在，但是它实际上已经不能用于产品生产，不能给企业带来经济利益，所以它不应确认为企业的资产，而应确认为一项资产损失。

(三) 资产的分类

企业的资产按其流动性，通常可以划分为流动资产和非流动资产（或长期资产）两类。

流动资产是指预计在一年或者超过一年的一个正常营业周期内能够变现、出售或耗用的资产。流动资产通常包括库存现金、银行存款、交易性金融资产、应收账款、预付款项、原材料、库存商品等。

非流动资产的变现期或耗用期要在一年以上或超过一年（含一年）的一个正常营业周期以上。非流动资产通常包括长期股权投资、固定资产、在建工程、工程物资、无形资产和其他非流动资产等。

资产的表现形式多种多样。资产可以是实物形态，如厂房设备、材料；可以是债权形态，如应收账款、应收利息；也可以是无形的，如专利权、商标权等无形资产。

二、负债

(一) 负债的定义

负债是指企业过去的交易或者事项形成的、预期会导致经济利益流出企业的现时义务。

(二) 负债的特征

1. 负债是由过去的交易或者事项而形成的

也就是说，导致负债的交易或者事项必须已经发生。比如，购置货物或使用劳务产生应付账款（已经预付或在交货时支付的款项除外），接受银行贷款产生偿还贷款的义务。只有源于已经发生的交易或者事项，会计上才有可能确认为负债。正在筹划的未来交易或者事项，如企业的业务计划、与供货单位签订的供货合同等，不确认为负债。

2. 负债是企业承担的现时义务，而不是潜在义务

现时义务是指企业在现行条件下已承担的义务，这一特征是由"负债是由过去的交易或者事项所形成的"特征所决定的。只有过去的交易或者事项才可能形成企业的现时义务，而如果是"未来承诺"，则不可能形成现时义务。所以，未来发生的交易或者事项形成的义务，不属于现时义务，不应确认为负债。比如，企业计划向银行借款，在未借款时不会形成对银行的偿还义务，因而不能确认为企业的负债。

3. 负债的偿还会导致经济利益流出企业

负债的偿还也就是现时义务的履行，通常关系到企业放弃含有经济利益的资产，如用现金、固定资产、原材料等进行债务的清偿；除此以外，企业还可以用多种形式进行负债的清偿，但最终都会导致经济利益流出企业，并且流出的经济利益金额能够可靠计量。

(三) 负债的分类

负债按其偿还期限的长短，可以分为流动负债和非流动负债（或长期负债）两类。

流动负债是指在一年（含一年）或者超过一年的一个正常营业周期内清偿的债务，主要包括短期借款、应付票据、应付账款、预收账款、应付职工薪酬、应交税费、应付利息、应付股利、其他应付款等。

非流动负债是指偿还期在一年以上或者超过一年的一个正常营业周期以上的债务，主要包括长期借款、应付债券、长期应付款、预计负债等。

三、所有者权益

（一）所有者权益的定义

所有者权益是指企业资产扣除负债后，由所有者享有的剩余权益。公司的所有者权益又称为股东权益，所有者权益反映了所有者对企业资产的剩余索取权，是企业资产中扣除债权人权益后应由所有者享有的部分。

（二）所有者权益的特征

（1）除非发生减资、清算或分派现金股利，企业不需要偿还所有者权益。
（2）企业清算时，只有在清偿所有的负债后，所有者权益才能返还给所有者。
（3）所有者能够凭借所有者权益参与企业的利润分配。

由以上特征可以比较得出所有者权益和负债的区别：

负债是指向债权人借入的资金，一般都有确切的偿还期限，企业负有偿还的义务；债权人只享有按期收回利息和债务本金的权利，无权参与企业的利润分配和经营管理。

所有者权益是企业对投资人所承担的经济责任，在一般情况下不需要归还投资者。投资者既可以参与企业的利润分配，也可以参与企业的经营管理。但是，在企业清算时，所有者权益代表所有者对企业"净资产"享有的权益，即所有者只能对债权人索偿后的剩余部分享有权益。在偿还顺序上，负债具有优先权，所有者权益是剩余权。

（三）所有者权益的内容

所有者权益包括所有者投入的资本、其他综合收益、留存收益等。

（1）所有者投入的资本，是指投资者投入企业经营活动的各种财产物资，既包括构成企业注册资本或者股本部分的金额，也包括企业收到投资者出资额超过其在注册资本中所占份额的部分（即资本溢价或者股本溢价，由全体股东享有，计入资本公积项目）。

（2）其他综合收益，是指企业根据会计准则规定未在当期损益中确认的各项利得和损失。

（3）留存收益，是指企业从历年实现的利润中提取或留存于企业的内部积累，它来源于企业的生产经营活动所实现的利润，包括企业的盈余公积和未分配利润两部分。盈余公积是指按照国家有关规定从利润中提取的公共积累；未分配利润是指企业本期未分配完的或待以后年度分配的利润。

四、收入

（一）收入的定义

收入是指企业在日常活动中形成的、会导致所有者权益增加的、与所有者投入资本无关的经济利益的总流入。

（二）收入的特征

1. 收入是企业在日常的经营活动中形成的

收入是企业在日常经营活动中形成的，而不是偶然的交易或者事项所产生的。日常活动是指企业为完成其经营目标而从事的经常性活动，比如，工业企业制造并销售产品、商品流通企业销售商品、运输公司提供劳务、租赁公司出租资产等。日常活动有别于企业偶然发生的营业外收入，如罚款收入、出售设备收入、接受的捐赠。

2. 收入最终会导致所有者权益的增加

收入可以为企业带来经济利益，其表现形式是多种多样的：可能表现为企业资产的增加，比如企业销售商品并收到银行存款，在销售收入发生的同时增加了企业的资产；也可能表现为企业负债的减少，比如以销售商品的方式抵偿债务；或者二者兼而有之，比如商品销售的货款中部分用于抵偿前期债务，部分收到现金。由于收入是企业经济利益的总流入，收入的发生必然会导致企业利润的增加，所以收入无论表现为资产的增加还是负债的减少，最终都会导致所有者权益的增加。

3. 收入所导致的所有者权益的增加与所有者投入资本无关

收入是企业经营现有资产的所得，不包括所有者投入资本带来的经济利益流入。所有者向企业投入资本虽然也可以导致所有者权益的增加，但是它不是企业日常经营的成果，因而不能作为收入要素。

（三）收入的分类

按收入的性质，可将收入分为销售商品收入、劳务收入和让渡资产使用权收入；按企业经营业务的重要性，可将收入分为主营业务收入和其他业务收入，其中主营业务收入占企业收入的比重较大，会对企业的经济效益产生较大的影响。

五、费用

（一）费用的定义

费用是指企业在日常活动中发生的、会导致所有者权益减少的、与向所有者分配利润无关的经济利益的总流出。

（二）费用的特征

1. 费用是企业在日常活动中形成的经济利益的流出

费用是在企业的日常活动中发生的，不是偶然活动产生的经济利益流出或损失。也就是说，日常活动形成的经济利益的流出才称为费用，比如，工业企业支付当期的借款利息所导致的经济利益的流出应作为费用；反之，企业在非日常活动中发生的经济利益的流出称为损失，比如支付赔偿款、罚款等损失不能作为费用要素。

2. 费用最终导致所有者权益的减少

费用导致企业经济利益的流出，其表现形式是多种多样的：可能表现为企业资产的减少，比如企业用银行存款支付当期的水电费，在费用发生的同时减少了企业的资产；也可能表现为企业负债的增加，比如企业当期发生租赁费，但没有实际支付，则费用发生的同时增加了企业的负债；或二者兼而有之。由于费用是企业经济利益的总流出，费用的发生必然会导致企业利润的减少，所以费用无论表现为资产的减少还是负债的增加，最终都会导致所有者权益的减少。

3. 费用所导致的所有者权益的减少与向所有者分配利润无关

费用是企业经营现有资产的耗费，而非因向所有者分配利润而流出的经济利益。向所有者分配利润虽然也可以导致所有者权益的减少，但这种减少属于所有者权益的抵减项目，不能作为费用要素。

（三）费用的分类

按照费用与收入的关系，费用可以分为营业成本、税金及附加和期间费用。

营业成本是指所销售商品或提供劳务的成本。营业成本按照其所销售商品或供劳务在企业日常活动中所处的地位，可以分为主营业务成本和其他业务成本。企业已销商品或已提供劳务的成本包括为生产该商品或劳务所发生的直接费用和间接费用。其中，直接费用是直接为生产商品和提供劳务而发生的费用，包括直接材料费用、直接人工费用及其他直接费用；间接费用是生产部门（如车间）为组织和管理生产而发生的费用，称为制造费用，其通过分配最终计入产品的生产成本。企业发生的直接费用和间接费用先计入产品或劳务的成本，待其销售或对外提供后转为营业成本。

税金及附加是指企业在生产经营活动过程中应负担的相关税费，包括消费税、城市维护建设税、教育费附加、资源税、土地增值税、房产税、城镇土地使用税、车船税、印花税等。

期间费用是指为取得本期收入所发生的费用，包括管理费用、财务费用与销售费用。管理费用是指企业行政管理部门为组织和管理整个企业的生产经营活动而发生的各种费用，如行政管理人员的工资、办公费、管理用固定资产折旧费与维修费等。财务费用是指企业为筹集生产经营所需资金等而发生的筹资费用，如借款的利息费用等。销售费用是指在销售商品、提供劳务的过程中发生的各种费用，如广告费、展览费、销售过程中的保险费、包装费、运输费、装修费等。

六、利润

（一）利润的定义

利润是指企业在一定会计期间的经营成果，包括收入减去费用后的净额、直接计入当期利润的利得和损失等。

（二）利润的构成

利润由营业利润、利润总额和净利润构成。

营业利润是指营业收入减去营业成本、税金及附加、销售费用、管理费用、财务费用、研发费用，加上其他收益、公允价值变动收益（或减去损失）、投资收益（或减去损失）、净敞口套期收益（或减去净敞口套期损失）、资产处置收益（或减去资产处置损失），减去信用减值损失和资产减值损失后的金额。其中，营业收入为主营业务收入与其他业务收入之和，营业成本为主营业务成本和其他业务成本之和。

利润总额是指营业利润加上营业外收入，减去营业外支出后的金额。营业外收入包括非流动资产毁损报废收益、与企业日常活动无关的政府补助、盘盈利得、捐赠利得等。营业外支出包括非流动资产毁损报废损失、捐赠支出、盘亏损失、非常损失、罚款支出等。

净利润是利润总额减去所得税费用后的金额。所得税费用是指企业按照国家规定计算缴纳的应计入当期损益的所得税费用。

第二节　会计等式

一、会计等式的内容

会计等式也称会计恒等式，是运用数学平衡式描述各会计要素之间内在的数量关系的表达式，是所有会计核算方法的理论基础。

企业从事各项生产经营活动，必须拥有或控制一定的经济资源，如劳动资料和劳动对象等，即企业必须拥有各种资产。企业的资产一般有两个来源：一是企业投资者投入的，二是企业债权人借给的。投资者和债权人向企业提供资金，供企业在生产经营中使用，因而对企业的资产享有求偿权，包括在一定时间收回投资以及获得投资报酬的权利等，这些权利在会计中称为权益。一个企业所拥有的资产与权益，是对同一经济资源从两个不同的角度去观察和分析的结果。有资产就意味着有权益，资产和权益是相互依存的。因此，从数量上来看，企业所拥有的资产与权益的总额必定相等。这种关系可表述为如下基本等式：

$$资产 = 权益$$

这一等式表明，企业的资产与权益相等。企业债权人借给企业资产，是供企业有偿使用的，对借给的资产拥有要求权（或索偿权），这种要求权就是债权人权益，在会计中称为负债。企业投资者（也即企业的所有者）向企业投入资产，是供企业作为资本来赚取利润的，对投入的资产拥有要求权（或主张权），这种要求权在会计中称为所有者权益。可见，权益包括债权人权益和所有者权益。因此，上述基本等式可表述为如下一般等式：

$$资产 = 负债 + 所有者权益$$

这一等式描述了某一特定时点的财务状况，反映的是同一经济资源的两个方面，左边表示企业拥有什么经济资源，拥有多少经济资源，右边表示谁提供了这些经济资源，谁对这些经济资源拥有要求权。它是资金运动的静态表现，表明了在任何时候，企业的资产恒等于其债权人和所有者对这些资产的权益。也即，无论企业的经济业务如何引起等式两边金额发生变化，都不会影响资产、负债、所有者权益之间的平衡关系。这个平衡关系也是进行复式记账、会计核算和编制会计报表的理论依据。

负债及所有者权益作为企业资产的两个来源，是对企业资产的要求权，即债权人和所有者分别对企业的资产拥有权利。其中，债权人的要求权总是优先于所有者的要求权。在企业清算时，负债拥有优先求偿权，即企业的资产只有在清偿所有的负债后，才返回给投资者。

所有者权益是企业全部资产扣除全部负债以后剩余给所有者的权益，是对企业净资产的所有权，也是一种剩余求索权。因此，上述一般等式可以变化为如下等式：

$$资产-负债=所有者权益$$

企业成立后，其资产当然不会闲置。企业将资产投入生产经营中去，使其不断改变自身的形态，为企业带来经济利益。企业在生产经营活动中，一方面要销售商品或提供劳务，取得收入；另一方面又要消耗各种资产，发生费用。企业通过收入与费用的比较，才能计算确定一定期间的盈利水平，确定当期实现的利润。因此，收入、费用和利润之间的关系可用以下等式表示：

$$收入-费用=利润$$

所有者投入资本的目的，是希望通过有效经营，尽可能以较少的耗费实现较多的营业收入，获得尽可能多的盈利，实现资本增值。若企业的收入大于费用支出，即企业实现利润，就会使所有者权益增加；反之，企业发生亏损会使所有者权益减少。同理，企业的经营成果也必将影响企业资产、负债的数额变化。企业实现利润将使资产增加或负债减少，企业发生亏损将使资产减少或负债增加。将上式代入"资产=负债+所有者权益"，则可以得出如下等式：

$$资产=负债+所有者权益+利润$$
$$=负债+所有者权益+（收入-费用）$$

或

$$资产+费用=负债+所有者权益+收入$$

二、经济业务对会计等式的影响

（一）经济业务的类型

企业在日常的生产经营过程中，不断地发生各种各样经济业务，如购进材料、销售产品等。其发生对会计等式会产生什么样的影响呢？通过分析，我们知道，每项经济业务的发生至少会从两个方面影响会计要素具体项目的增减变动，但是，不管企业发生的经济业务如何复杂多变，都不会破坏资产和权益之间的平衡关系，故我们把"资产=负债+所有者权益"称为会计恒等式。

经济业务根据其对会计等式的影响情况，可以概括为以下四种类型：

（1）经济业务引起会计等式左右两边同时等额增加，会计等式仍保持平衡；

（2）经济业务引起会计等式左右两边同时等额减少，会计等式仍保持平衡；

（3）经济业务引起会计等式右边，即负债内部、所有者权益内部或负债与所有者权益两者之间，有关项目发生增减变动，且增减金额相等，负债总额和所有者权益总额，或负债及所有者权益合计总额不变，会计等式仍保持平衡；

（4）经济业务引起会计等式左边，即资产内部有关项目发生增减变动，且增减金额相等，资产总额保持不变，会计等式仍保持平衡。

（二）经济业务对会计等式的影响举例

下面我们以福美餐饮有限责任公司发生的相关经济业务为例，说明经济业务对会计等式的影响。

【例 2-1】 收到投资者投入资本 100 000 元存入银行。

这笔经济业务的发生，一方面使企业"银行存款"这项资产增加了 100 000 元，另一方面使"实收资本"这项所有者权益也增加了 100 000 元。由于会计等式左右两方的资产和所有者权益项目以相等的金额同时增加，因此会计等式的平衡关系仍然成立。

【例 2-2】 以银行存款 200 000 元偿还银行的短期借款。

这笔经济业务的发生，一方面使企业"银行存款"这项资产减少了 200 000 元，另一方面使"短期借款"这项负债也减少了 200 000 元。由于会计等式左右两方的资产和负债项目以相等的金额同时减少，因此会计等式的平衡关系仍然成立。

【例 2-3】 工商银行将贷给福美餐饮有限责任公司的长期借款 300 000 元转作对该公司的投资。

这笔经济业务的发生，一方面使企业"长期借款"这项负债减少了 300 000 元，另一方面使"实收资本"这项所有者权益增加了 300 000 元。由于所有者权益项目增加，负债项目减少，而且增减金额相等，因此会计等式的平衡关系仍然成立。

【例 2-4】 从银行提取现金 1 000 元，以备零星开支。

这笔经济业务的发生，一方面使企业"库存现金"这项资产增加了 1 000 元，另一方面使"银行存款"这项资产减少了 1 000 元。由于资产方一个项目增加，另一个项目减少，而且增减金额相等，因此会计等式的平衡关系仍然成立。

通过以上分析我们可以看到，企业无论发生何种经济业务，引起了会计要素怎样的变化，都不会破坏会计等式的平衡关系。这是因为任何一个会计事项的发生不外乎上述几种情况，会计等式的平衡关系不会因为经济业务的发生而发生改变。

本章小结

本章主要介绍了会计要素和会计等式。会计要素是会计核算对象的具体分类，会计要素分为资产、负债、所有者权益、收入、费用和利润六大类。会计恒等式是会计核算诸多方法的理论基础，表示为资产＝负债＋所有者权益。任何经济业务的发生都不会破坏该恒等式。

本章练习题

一、单项选择题

1. 投资者投入企业的所认缴的注册资本在会计上叫（　　）。
   A. 资本公积　　　　　B. 盈余公积
   C. 实收资本　　　　　D. 未分配利润

2. 企业从税后利润中按照10%的比例自留的部分叫（　　）。
   A. 资本公积　　　　　B. 盈余公积
   C. 实收资本　　　　　D. 未分配利润

3. 下列各项中，不属于期间费用的是（　　）。
   A. 管理费用　　　　　B. 制造费用
   C. 销售费用　　　　　D. 财务费用

4. 下列业务中，会引起资产和负债同时增加的经济业务是（　　）。
   A. 以银行存款购买材料
   B. 向银行借款存入银行存款户
   C. 以无形资产向外单位投资
   D. 以银行存款偿还应付账款

5. 《企业会计准则第14号——收入》规定，企业的日常经营收入不包括（　　）。
   A. 销售商品的收入
   B. 提供劳务的收入
   C. 本企业资产出租给他人使用取得的收入
   D. 出售固定资产的收入

6. 在以下交易中，能够引起资产内部项目一增一减的是（　　）。
   A. 以银行存款购买专利权　　B. 偿还银行借款
   C. 支付办公费　　　　　　　D. 赊销商品

7. 某企业5月份资产总额是100万元，收回应收账款10万元后，该企业资产总额为（　　）万元。
   A. 100　　　　　　　　B. 110
   C. 90　　　　　　　　 D. 120

8. 资产、负债和所有者权益是资金运动的（　　）。
   A. 存在形式　　　　　B. 动态表现
   C. 静态表现　　　　　D. 形成来源

9. 收入、费用和利润是资金运动的（　　）。
   A. 存在形式　　　　　B. 动态表现
   C. 静态表现　　　　　D. 形成来源

10. 下列等式错误的是（   ）。

A. 资产 = 负债 + 所有者权益

B. 收入 – 费用 = 利润

C. 资产 + 费用 = 负债 + 所有者权益 + 收入

D. 资产 – 所有者权益 = 负债

二、多项选择题

1. 下列各项中，不属于非流动资产的有（   ）。

A. 银行存款　　　　　　　B. 应收账款

C. 库存商品　　　　　　　D. 无形资产

2. 下列各项中，属于流动负债的有（   ）。

A. 预收账款　　　　　　　B. 预付账款

C. 库存商品　　　　　　　D. 应付职工薪酬

3. 下列各项中，应确认为企业资产的有（   ）。

A. 购入的无形资产　　　　B. 临时租入的设备

C. 计划下个月购入的材料　D. 销售商品暂时尚未收回的款项

4. 关于所有者权益与负债的区别，下列说法中正确的有（   ）。

A. 负债的求偿权利高于所有者权益

B. 所有者的投资收益取决于企业的经营成果

C. 债权人的求偿权有固定到期日

D. 所有者承受的风险低于债权人

5. 下列各项中，构成企业资金来源的有（   ）。

A. 向银行借款　　　　　　B. 支付欠款

C. 赊购材料　　　　　　　D. 所有者投入资金

三、计算题

某企业 2019 年 8 月发生下列经济业务：

（1）收回应收账款 30 000 元并存入银行。

（2）以银行存款 100 000 元购入一台机床。

（3）收到甲投资者投入的现金 1 000 000 元。

（4）从银行提取现金 30 000 元。

（5）以银行存款 16 000 元偿还短期借款。

（6）以银行存款支付前欠东方公司的购货款 180 000 元。

（7）将多余的现金 6 000 元存入银行。

（8）购入材料 150 000 元，货款未付。

（9）以现金 20 000 元发放职工工资。

（10）收回应收账款 80 000 元，其中 50 000 元直接归还银行短期借款，其余存入银行。

要求：

（1）分析每笔经济业务所引起的会计要素有关项目的增减变动情况。

（2）分析上述经济业务发生后对企业资产总额和权益总额的影响。

巩固练习

一、单项选择题

1. 某企业期初资产总额 100 000 元，负债总额 40 000 元，所有者权益总额 60 000 元，本期取得收入 30 000 元，发生费用 20 000 元，负债总额不变，则期末资产总额为（　　）元。

　　A. 130 000

　　B. 110 000

　　C. 80 000

　　D. 70 000

2. 按我国现行的会计准则的规定，利润要素不包括（　　）。

　　A. 营业利润

　　B. 利润总额

　　C. 净利润

　　D. 营业外收入

3. 下列项目中，属于营业外收入的是（　　）。

　　A. 产品销售收入

　　B. 出售废料收入

　　C. 固定资产盘盈

　　D. 出租固定资产的收入

4. 下列项目中，属于费用的是（　　）。

　　A. 本年利润

　　B. 投资收益

　　C. 营业外支出

　　D. 管理费用

5. 下列项目中，属于负债的是（　　）。

　　A. 应付职工薪酬

　　B. 主营业务收入

　　C. 营业外支出

　　D. 销售费用

二、多项选择题

1. 企业的投入资本为（　　）。

　　A. 企业所有者权益构成的主体

　　B. 投资者实际投入企业经营活动的各种财产物资和货币资金

　　C. 企业注册成立的基本条件之一

D. 企业投资人对企业净资产的所有权
E. 企业正常运作必需的资金和承担民事责任的财力保证
2. 资产确认应满足的条件有（　　）。
A. 必须是能为企业提供未来经济利益的经济资源
B. 必须是企业拥有或者控制的
C. 必须是具有实物形态的
D. 必须是过去的交易或者事项所带来的
E. 必须是可用货币计量的
3. 下列资产项目与权益项目之间的变动符合资金运动规律的有（　　）。
A. 资产某项目增加的同时权益某项目减少
B. 资产某项目减少的同时权益某项目增加
C. 资产某项目增加而另一项目等额减少
D. 权益某项目增加而另一项目等额减少
E. 资产某项目与权益某项目等额同时增加或减少
4. 下列各项中，属于静态会计要素的有（　　）。
A. 资产
B. 收入
C. 费用
D. 负债
E. 所有者权益
5. 下列各项中，属于所有者权益的有（　　）。
A. 投入资本
B. 资本公积
C. 盈余公积
D. 未分配利润
E. 银行借款

三、判断题

1. 所有经济业务的发生，都会引起会计恒等式两边发生变化，但不破坏会计恒等式。（　　）
2. 收入的取得一定表现为企业资产的增加。（　　）
3. 企业的投入资本就是企业的注册资本。（　　）
4. 收入指企业在业务活动中形成的货币流入。（　　）
5. 某一财产物资要成为企业的资产，其所有权必须属于企业。（　　）

第三章

账户和复式记账

学习目标

通过本章学习，需要了解会计科目的概念和会计科目的设置原则，了解会计科目与会计账户的关系，掌握会计账户的基本结构和基本功能，理解复式记账法的理论依据；理解借贷记账法的含义，掌握借贷记账法下账户的结构和记账规则、试算平衡方法，能运用借贷记账法编制简单的会计分录。

导入案例

通过前两章的学习，同学们已经对会计有了初步的了解。有的同学开始尝试将自己的日常收支记流水账。因为收支情况很简单，记流水账这种方法对我们个人或家庭来说，还算可行，但是公司业务繁杂，用流水账来记录企业的经济业务，肯定不行。

1494年，现代会计之父——意大利数学家卢卡·帕乔利（1445—1517）发明了一种现今在世界各地普遍采用的记账方法——复式记账法。复式记账法的基本思想很简单，即把公司所发生的每笔业务都以相等的金额同时在两个或两个以上有相互联系的账户中进行登记。复式记账法比简单地记流水账先进很多，该方法自从意大利传至我国后一直使用至今。

想必大家对这种"神奇"的复式记账法充满了好奇，那就让我们开始学习第三章吧！

第一节　会计科目和账户

一、会计科目

（一）会计科目设置的意义与原则

1. 会计科目设置的意义

会计科目是对会计要素进行分类所形成的具体项目，是设置会计账户的依据，也是会计报表项目的主要构成内容。设置会计科目，并在此基础上设置账户，是会计的一种专门方法。

2. 会计科目设置的原则

会计科目在设置过程中应努力做到科学、合理、适用，并遵循以下原则。

（1）全面地反映企业会计要素的内容。企业在确定需要设置哪些会计科目时，必须从其会计要素内容的实际状况出发。企业应根据其资产、负债、所有者权益、收入、费用和利润等会计要素的内容设置数量足够的会计科目，以便全面地反映会计要素的全部内容，为建立完整的账户体系提供充分保证。

（2）满足使用者掌握企业信息的需求。会计信息使用者不仅需要了解企业资产、负债和所有者权益等要素反映的财务状况总体信息，以及收入、费用和利润等要素反映的企业经营成果总体信息，而且需要了解这些要素的具体分布或构成的详细信息。企业在设置会计科目时，应从便于使用者了解不同层面信息的角度予以全面考虑。

（3）既满足账务处理需要又相对稳定。企业应根据自身经营活动的特点，设置能够满足其进行交易或者事项的账务处理需要的会计科目。例如，产品生产企业的主要经营活动是进行产品的生产和销售，除了应设置与其他会计主体具有共性的一些会计科目外，还应专门设置反映产品生产成本和反映产品销售收入等特有内容的会计科目。此外，设置的会计科目一般应保持相对稳定，不宜经常变动。

（4）体现统一性与灵活性的密切结合。统一性是指企业在设置会计科目时，应严格按照我国相关会计规范的规定进行会计科目的设置，使各个企业之间在会计科目的设置上保持高度统一。灵活性是指在不违反会计准则关于确认、计量和报告规范的前提下，各企业可根据实际情况自行增设、分拆和合并会计科目。例如，预收账款不多的企业，可以将预收账款内容并入应收账款科目等，以便减少会计科目的设置数量。

（5）会计科目简明清晰且使用方便。每一个会计科目都包含了特定的核算内容，在设置会计科目时，应对每个科目的核算内容加以明晰界定，会计科目的名称应当文字简明、含义明确、通俗易懂，以便于会计人员在进行交易或者事项的处理过程中准确应用。

（二）会计科目的级次

在实际应用中，为了全面系统、完整准确地反映和监督企业经营活动，满足企业经济管理和核算的要求，会计科目按提供信息的详细程度及其统驭关系分类，可分为总分类科目和明细分类科目。

1. 总分类科目

总分类科目，又称一级科目、总账科目，它是对会计对象的具体内容进行总括分类，提供总括的核算指标，由国家财政部门或主管部门设置，以会计准则的形式颁布实施。《企业会计准则——应用指南》统一规范的一般企业会计科目（部分）如表 3-1 所示。

表 3-1 《企业会计准则——应用指南》统一规范的一般企业会计科目（部分）

编号	会计科目名称	编号	会计科目名称
一、资产类		2203	预收账款
1001	库存现金	2211	应付职工薪酬
1002	银行存款	2221	应交税费
1101	交易性金融资产	2231	应付利息
1121	应收票据	2232	应付股利
1122	应收账款	2241	其他应付款
1123	预付账款	2501	长期借款
1131	应收股利	2502	应付债券
1132	应收利息	2701	长期应付款
1221	其他应收款	2801	预计负债
1231	坏账准备	2901	递延所得税负债
1401	材料采购	三、共同类	
1402	在途物资	（略）	
1403	原材料	四、所有者权益类	
1404	材料成本差异	4001	实收资本
1405	库存商品	4002	资本公积
1411	周转材料	4003	其他综合收益
1471	存货跌价准备	4101	盈余公积
1501	债权投资	4103	本年利润
1502	债权投资减值准备	4104	利润分配
1503	其他权益工具投资	五、成本类	
1511	长期股权投资	5001	生产成本
1512	长期股权投资减值准备	5101	制造费用
1521	投资性房地产	5201	劳务成本

续表

编号	会计科目名称	编号	会计科目名称
1531	长期应收款	5301	研发支出
1601	固定资产	六、损益类	
1602	累计折旧	6001	主营业务收入
1603	固定资产减值准备	6051	其他业务收入
1604	在建工程	6111	投资收益
1605	工程物资	6115	资产处置损益
1606	固定资产清理	6301	营业外收入
1701	无形资产	6401	主营业务成本
1702	累计摊销	6402	其他业务成本
1703	无形资产减值准备	6403	税金及附加
1711	商誉	6601	销售费用
1801	长期待摊费用	6602	管理费用
1811	递延所得税资产	6603	财务费用
1901	待处理财产损溢	6701	信用减值损失
二、负债类		6702	资产减值损失
2001	短期借款	6711	营业外支出
2201	应付票据	6801	所得税费用
2202	应付账款	6901	以前年度损益调整

2. 明细分类科目

明细分类科目，是对总分类科目所含内容再做详细分类的会计科目，它所提供的是更加详细、具体的指标，如在应收账款总分类科目下再按具体单位分设明细科目，具体反映应收哪个单位的货款。明细分类科目除了会计准则规定设置的以外，一般由各单位根据实际需要自行设置。

二、账户

(一) 账户的定义

会计科目是对会计要素具体项目进行分类的项目，是进行会计核算和提供会计信息的基本单元，但它不能直接用来记录经济业务的内容。如果要把企业发生的经济业务连续、系统、全面地反映和记录下来，提供各种会计信息，就需要有一个记录的载体，这个载体就是按照会计科目所规范的内容而设置的会计账户。

会计账户是对会计要素的具体内容进行科学分类、反映和监督并具有一定格式的工具，它是用来分类、连续、系统地记录和反映各种会计要素增减变化情况及其结果的一种手段。企业任何一项经济业务的发生都会引起会计要素数量上的增减变化，为了分门别类地反映经济业务引起的会计要素的增减变化，以便为日常管理提供核算资料就必须设置账户。如"原材料"账户用来核算企业材料的收入、发出和结存的数量和金额，通过这个账户，可以了解企业原材料购入、发出和结存的情况。设置会计账户，是对会计要素具体内容进行科学分类、反映和监督的一种会计核算方法。

（二）账户与科目的关系

会计科目与会计账户是相辅相成的关系，两者既有联系，又有区别。

1. 共同之处

两者的名称相同，科目的名称就是账户的名称。会计账户是依据会计科目的名称来设置的。

2. 区别之处

会计科目没有结构，会计账户有结构。会计科目是由国家统一制定的会计要素的分类，是会计分类核算的依据，没有自己的结构；而会计账户是在会计科目的基础上结合本单位的实际情况设置的，有一定的结构，可以更好地反映资金运用情况。

（三）账户的基本结构及格式

账户的结构就是用来反映会计要素增减变动的格式。各种经济业务引起的资产、负债、所有者权益、收入、费用和利润的变动，尽管错综复杂，但从数量上看不外乎增加和减少两种情况。因此，用来记录经济业务的账户在结构上也就相应地分为两个基本部分：一方登记增加，一方登记减少，即将账户的结构分成左方和右方。账户的左方、右方以及账户的名称三个部分共同组成了账户的基本结构。由于我国采用的记账方法是借贷记账法，所以账户的基本结构也就分为"借方"和"贷方"两个方向，其中"借方"即为"左方"，"贷方"即为"右方"。账户的这种基本结构一般用 T 型账户表示，如图 3-1 所示。

借方	账户名称	贷方

图 3-1 T 型账户示意

在实际工作中，账户的基本结构应该包括五部分。

(1) 账户名称，即会计科目；
(2) 记账日期，即经济业务发生的时间和内容；
(3) 会计凭证的种类和号数；
(4) 摘要（概括地说明经济业务的内容）；
(5) 借方金额、贷方金额和余额。

常用的最基本账户格式为三栏式，如表 3-2 所示。

表 3-2　账户名称（会计科目）

年		凭证编号	摘要	借方	贷方	余额
月	日					

在账户的基本结构中，每个账户一般涉及四个金额要素，即期初余额、本期增加额、本期减少额和期末余额。本期增加额，亦称本期增加发生额，是指本期账户所登记的增加额的合计数；本期减少额，亦称本期减少发生额，是指本期账户所登记的减少额的合计数；本期增加额和本期减少额相抵后的差额为期末余额；本期的期末余额就是下期的期初余额。上述四个金额要素的关系如下：

期末余额 = 期初余额 + 本期增加额 - 本期减少额

（四）账户的分类

1. 按经济内容分类

根据反映的经济内容，账户可分为资产类账户、负债类账户、共同类账户、所有者权益类账户、成本类账户和损益类账户。其中，有些资产类账户、负债类账户、所有者权益类账户存在备抵账户。备抵账户，又称抵减账户，是指用来抵减被调整账户余额，以确定被调整账户实有数额而设立的独立账户，例如，"累计折旧"账户是"固定资产"账户的备抵账户。

2. 按其提供指标的详细程度分类

账户按其提供指标的详细程度可分为总分类账户和明细分类账户。

（1）总分类账户，又称总账账户或一级账户，是指根据总分类科目开设的、提供某项经济内容总括指标的账户。例如，根据"原材料"总分类科目开设"原材料"总分类账户，提供企业所有库存原材料购进、发出和结存情况指标。

（2）明细分类账户，又称明细账户，是对总分类账户做进一步分类，提供更详细和更具体会计信息的账户。如果某一总分类账户所属的明细分类账户较多，可在总分类账户下设置二级明细账户，在二级明细账户下设置三级明细账户，以此类推。

第二节　复式记账

一、记账方法

任何一个单位都要根据会计科目设置账户，在账户中分类记录各项经济业务。记录经济业务，必须借助一定的记账方法。所谓记账方法，是指在经济业务发生之后，根据一定的记账原则、记账符号、记账规则，采用一定的计量单位，利用文字和数字把会计信息记录在账簿上的方法。由于记录方式不同，记账方法主要分为单式记账法和复式记账法。

（一）单式记账原理

单式记账法是一种传统的记账方法。单式记账法是指对每项经济业务一般只在一个账户中单方面记录的一种方法。在选择单方面记账时，重点考虑的是现金、银行存款及债权和债务方面发生的经济业务，一般不登记实物的收付业务。

例如，用银行存款购买材料是一项银行存款付出业务，只在"银行存款"账户中记减少，对材料的收入不记账。用银行存款归还原欠某单位货款，是一项涉及银行存款和债务的业务，应在"银行存款"账户和"应付账款"账户同时记减少；生产领用材料是一项转账业务，通常不予记账。因此，单式记账法不能全面、系统地反映经济业务的来龙去脉，也不可能进行全面的试算平衡，以检查账户记录的正确性和完整性。

（二）复式记账原理

1. 复式记账法的含义

复式记账法，是指对发生的每一项经济业务，都要用相等的金额在两个或两个以上相互联系的账户中进行登记的一种记账方法。如用现金1 000元购买原材料业务，按照复式记账法，就要一方面在"库存现金"账户中做减少1 000元的记录，另一方面在"原材料"账户中做增加1 000元的记录。由于任何一项经济业务的发生，都会引起有关会计要素之间或某项会计要素内部至少两个项目发生增减变动，而且增减金额相等，因此，为了全面、系统地反映和监督经济活动全过程，对发生的每一项经济业务，都应以相等的金额同时在两个或两个以上的账户中进行登记。因此，复式记账法要比单式记账法更加科学。

复式记账法以会计等式"资产 = 负债 + 所有者权益"为理论依据。每一项经济业务的发生，都会引起会计要素各有关项目的增减变化，由于双重记录所登记的是同一资金运动的两个方面，其金额必然相等。

2. 复式记账法的特点

复式记账法主要有以下特点：

（1）在两个或两个以上的账户中进行记录。对于每一项经济业务，复式记账法都要在两个或两个以上的账户中进行相互联系的记录，这样不仅可以完整、系统地反映经济活动的过程和结果，而且能清楚地反映资金运动的来龙去脉。

（2）以相等的金额进行记录，可以进行试算平衡。对于每一项经济业务，复式记账法都以相等的金额进行对应记录，这样可以对账户记录的结果进行试算平衡，检查账簿记录的正确性。

3. 复式记账法的种类

复式记账法可分为借贷记账法、增减记账法、收付记账法等。借贷记账法是目前世界上普遍采用的一种记账方法。我国《企业会计准则》规定，企业应当采用借贷记账法。

二、借贷记账法

(一) 借贷记账法的含义

借贷记账法是以"借"和"贷"为记账符号,按照"有借必有贷,借贷必相等"的记账规则,对每一笔经济业务,都必须在两个或两个以上相互联系的账户中以相等的金额进行记录的一种复式记账法。

借贷记账法是一种科学而严密的记账方法,它可以全面地、相互联系地反映会计要素的增减变化情况,并根据会计要素中客观存在的恒等关系,检查账户记录的正确性。其理论依据是"资产+费用=负债+所有者权益+收入"会计方程式所包含的经济内容和数学上的恒等关系。

(二) 借贷记账法的内容

1. 借贷记账法的记账符号

借贷记账法是以"借""贷"为记账符号,用来反映会计要素增减变动情况的一种记账方法。用"借""贷"来表明经济业务应记入有关账户的方向。

"借""贷"两字的含义最初是从借贷资本家的角度来解释的,分别表示债权(应收款)和债务(应付款)的增减变动。借贷资本家对收进的存款记在贷主的名下,表示债务,对付出的放款记在借主的名下,表示债权,这时候"借""贷"两字表示债权、债务的变化。随着社会经济的发展,"借""贷"两字已逐渐失去其原来的含义,只作为记账符号,用以表明记账的方向。在借贷记账法下,"借""贷"只是两个抽象的符号,而且在不同性质的账户中,"借""贷"所反映的经济业务变化结果是不同的。一个账户中究竟是借方记录表示增加还是贷方记录表示增加,应由账户的性质来决定。

2. 借贷记账法的账户结构

在借贷记账法下,我们将账户分为左右两方,左方称为借方,右方称为贷方,"借"和"贷"用来表示会计要素的增加或减少,即一方登记增加数,另一方登记减少数。至于是"借"表示增加,还是"贷"表示增加,则取决于账户的性质。不同性质的账户,其结构也有所不同。

(1) 资产类账户的结构。该账户的借方登记资产的增加额,贷方登记资产的减少额。期末若有余额,一般为借方余额,表示资产的结存数。其账户结构如图3-2所示。

借方	资产类账户	贷方
期初余额 本期增加额		本期减少额
本期借方发生额合计		本期贷方发生额合计
期末余额		

图3-2 资产类账户的结构

(2) 负债及所有者权益类账户的结构。负债及所有者权益类的账户结构,又称权益类账户的结构。该账户的借方登记负债及所有者权益的减少额,贷方登记负债及所有者权益的增加额。期末若有余额,一般为贷方余额,表示期末负债的净额和所有者权益的结余数。其账户结构如图 3-3 所示。

借方	负债及所有者权益类账户	贷方
本期减少额		期初余额
		本期增加额
本期借方发生额合计		本期贷方发生额合计
		期末余额

图 3-3 负债、所有者权益类账户的结构

(3) 成本类账户的结构。成本类账户的结构与资产类账户的结构相同,该账户的借方登记成本的增加额,贷方登记成本的减少额。期末若有余额,一般为借方余额,表示在产品成本。其账户结构如图 3-4 所示。

借方	成本类账户	贷方
期初余额		本期减少额
本期增加额		
本期借方发生额合计		本期贷方发生额合计
期末余额		

图 3-4 成本类账户的结构

(4) 损益类账户的结构。损益类账户包括收益和费用,而收益和费用的经济性质完全不同,因此,它们的账户结构也不相同。

① 收益类账户的结构。企业取得的收入最终会导致所有者权益的增加。因此,收益类账户的结构与所有者权益账户的结构基本相同。收益类账户的贷方登记增加额,借方登记减少额;通常该账户期末没有余额。其账户结构如图 3-5 所示。

借方	收益类账户	贷方
本期减少额		本期增加额
本期借方发生额合计		本期贷方发生额合计

图 3-5 收益类账户的结构

② 费用类账户的结构。企业发生的费用最终会导致所有者权益的减少,因此,费用类账户的结构与所有者权益类账户的结构正好相反。费用类账户的借方登记增加额,贷方登记减少额;通常该账户期末没有余额。其账户结构如图 3-6 所示。

借方	费用类账户	贷方
本期增加额		本期减少额
本期借方发生额合计		本期贷方发生额合计

图 3-6 费用类账户的结构

我们可以总结出以下规律：在会计等式左方性质的账户，即资金占用类账户，如资产类、成本类、费用类账户，借方表示增加，贷方表示减少；而在会计等式右方性质的账户，即资金来源类账户，如负债类、所有者权益类、收益类账户，贷方表示增加，借方表示减少；如果期末有余额，余额一般在登记增加的方向。其规律如表3-3所示。

表3-3 借贷记账法下各类账户的基本结构

账户类别	借方	贷方	余额方向
资产类账户	增加	减少	借方
负债类账户	减少	增加	贷方
所有者权益类账户	减少	增加	贷方
成本类账户	增加	减少	借方
收益类账户	减少或转销	增加	一般无余额
费用类账户	增加	减少或转销	一般无余额

3. 借贷记账法的记账规则

借贷记账法的记账规则是"有借必有贷，借贷必相等"。"有借必有贷"是指发生的任何一项经济业务，都必须在两个或两个以上的账户中同时进行登记，即在一个（或一个以上）账户中做借方记录，在另一个（或一个以上）账户中做贷方记录。

【例3-1】宏达实业公司2019年6月初总分类账户余额如表3-4所示。

表3-4 宏达实业公司2019年6月初各账户余额　　　　　　　　　　单位：元

资产类科目		权益类科目	
库存现金	10 000	短期借款	30 000
银行存款	8 000	应付账款	80 000
应收账款	40 000	实收资本	238 000
原材料	30 000		
固定资产	260 000		
合计	348 000	合计	348 000

宏达实业公司2019年6月发生下列经济业务：

（1）取得短期借款250 000元，存入银行。

分析：这笔交易使负债类账户"短期借款"增加250 000元，资产类账户"银行存款"增加250 000元。这项经济业务在账户中登记的结果如图3-7和图3-8所示：

图3-7 "银行存款"账户登记图

图 3-8 "短期借款"账户登记图

（2）收到投资者投入的货币资金 100 000 元，已存入银行。

分析：这笔交易使资产类账户"银行存款"增加 100 000 元，所有者权益类账户"实收资本"增加 100 000 元。这项经济业务在账户中登记的结果如图 3-9 和图 3-10 所示：

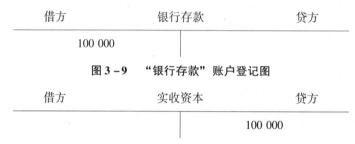

图 3-10 "实收资本"账户登记图

（3）取得银行短期借款偿还前欠东风工厂购货款 8 000 元。

分析：这笔交易使负债类账户"短期借款"增加 8 000 元，另一负债类账户"应付账款"减少 8 000 元。这项经济业务在账户中登记的结果如图 3-11 和图 3-12 所示：

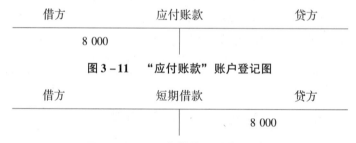

图 3-12 "短期借款"账户登记图

（4）从银行提取现金 5 000 元。

分析：这笔交易使资产类账户"库存现金"增加 5 000 元，另一资产类账户"银行存款"减少 5 000 元。这项经济业务在账户中登记的结果如图 3-13 和图 3-14 所示：

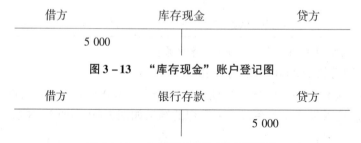

图 3-14 "银行存款"账户登记图

（5）向大华工厂购入原材料，价款 8 000 元（不考虑增值税），材料已验收入库，以银行存款支付。

分析：这笔交易使资产类账户"原材料"增加 8 000 元，另一个资产类账户"银行存款"减少 8 000 元。这项经济业务在账户中登记的结果如图 3-15 和图 3-16 所示：

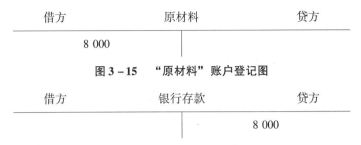

图 3-15　"原材料"账户登记图

图 3-16　"银行存款"账户登记图

（6）购买不需要安装的设备一台，价款 40 000 元（不考虑增值税），款项尚未支付。

分析：这笔交易使资产类账户"固定资产"增加 40 000 元，负债类账户"应付账款"增加 40 000 元。这项经济业务在账户中登记的结果如图 3-17 和图 3-18 所示：

图 3-17　"固定资产"账户登记图

图 3-18　"应付账款"账户登记图

（7）收到大华公司偿付的前欠货款 35 000 元，存入银行。

分析：这笔交易使资产类账户"银行存款"增加 35 000 元，另一资产类账户"应收账款"减少 35 000 元。这项经济业务在账户中登记的结果如图 3-19 和图 3-20 所示：

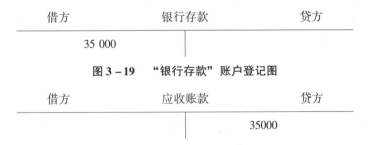

图 3-19　"银行存款"账户登记图

图 3-20　"应收账款"账户登记图

通过以上举例我们可以看出，无论哪种类型的经济业务，都是以相等的金额同时记入有关账户的借方和相对应账户的贷方。这样就可以归纳出借贷记账法的记账规则：有借必有贷，借贷必相等。

4．借贷记账法的会计分录

为保证记账的正确性，在账户中记录任何一笔交易或者事项，都应当根据交易或者事项所涉及的账户及其应借、应贷的方向和金额，编制会计分录。在实际工作中，这项工作是通过在记账凭证或普通日记账上编制会计分录来完成的。所谓会计分录，就是按照一定的格式标明每笔交易或者事项涉及的应借、应贷账户的名称及其金额的记录。一笔会计分录主要包括三个要素：会计科目、记账符号和记账金额。会计分录格式如下：

  借：账户名称   金额
   贷：账户名称   金额

书写会计分录要注意三点：一是先借后贷，即借项账户和金额在上，贷项账户和金额在下；二是借偏左，贷偏右，上下排列左右错开；三是金额后不要带单位。

现将【例3-1】的经济业务用会计分录表示如下：

(1) 借：银行存款   250 000
   贷：短期借款   250 000

(2) 借：银行存款   100 000
   贷：实收资本   100 000

(3) 借：应付账款   8 000
   贷：短期借款   8 000

(4) 借：库存现金   5 000
   贷：银行存款   5 000

(5) 借：原材料   8 000
   贷：银行存款   8 000

(6) 借：固定资产   40 000
   贷：应付账款   40 000

(7) 借：银行存款   35 000
   贷：应收账款   35 000

会计分录有两种类型：简单分录和复合分录。所谓简单分录是指有两个账户组成的会计分录，即"一借一贷"的会计分录。上述例题都是简单分录。复合分录是指由两个以上账户相对应组成的会计分录，可以是"一借一贷""多借一贷"或"多借多贷"的会计分录。现将复合分录举例如下：

宏达实业公司购买原材料一批，价值60 000元，其中以银行存款支付40 000元，其余款项尚未支付。

编制复合会计分录如下：

  借：原材料   60 000
   贷：银行存款   40 000
     应付账款   20 000

编制复合会计分录是为了简化计算手续，提高工作效率。但是不能为了简化而把不同性质的经济业务合并编制会计分录，人为造成账目不清。为了保持账户之间的对应关系，一般编制"一借一贷""多借一贷""一借多贷"的会计分录，除了业务需要外，应尽量避免编制"多借多贷"的会计分录。

5. 借贷记账法的试算平衡

借贷记账法的试算平衡是指根据会计恒等式"资产＝负债＋所有者权益"以及借贷记账法的记账规则，检查记账凭证、账簿记录、编制财务报表是否正确的一种方法。试算平衡主要检查发生额平衡和余额平衡两个方面的平衡关系。

（1）发生额试算平衡。在借贷记账法下，根据"有借必有贷，借贷必相等"的记账规则，对发生的每一笔业务进行处理后，其会计分录借方金额和贷方金额一定相等。因此，在一定时期内，所有账户的借方本期发生额合计数与贷方本期发生额合计数必然相等。用公式表示如下：

全部账户本期借方发生额合计 = 全部账户本期贷方发生额合计

此公式一般应用于期末，例如，【例 3 – 1】中的 7 笔经济业务就可通过编制发生额试算平衡进行检验，具体如表 3 – 5 所示。

表 3 – 5　总分类账户发生额试算平衡

2019 年 6 月 30 日　　　　单位：元

账户名称	本期发生额	
	借方	贷方
库存现金	（4）5 000	
银行存款	（1）250 000 （2）100 000 （7）35 000	（4）5 000 （5）8 000
应收账款		（7）35 000
原材料	（5）8 000	
固定资产	（6）40 000	
短期借款		（1）250 000 （3）8 000
应付账款	（3）8 000	（6）40 000
实收资本		（2）100 000
合计	446 000	446 000

（2）余额试算平衡。所谓余额试算平衡，是指在一定时期的任意时点上，所有账户的借方余额合计数和贷方余额合计数平衡。根据余额的时间不同，可分为期初余额平衡与期末余额平衡两类。

期初余额平衡是指期初所有账户借方余额合计与贷方余额合计相等，用公式表示如下：

全部账户的期初借方余额合计 = 全部账户的期初贷方余额合计

期末余额平衡是指期末所有账户借方余额合计与贷方余额合计相等，用公式表示如下：

全部账户的期末借方余额合计 = 全部账户的期末贷方余额合计

在实际工作中，余额试算平衡是通过编制余额试算平衡表进行的，也可将发生额及余额试算平衡表合并编制。现仍以【例 3 – 1】中所列经济业务为例，对其编制发生额及余额试算平衡表，具体如表 3 – 6 所示。

表 3-6 总分类账户发生额及余额试算平衡表

2019 年 6 月 30 日　　　　　　单位：元

账户名称	期初余额		本期发生额		期末余额	
	借方	贷方	借方	贷方	借方	贷方
库存现金	10 000		5 000		15 000	
银行存款	8 000		385 000	13 000	380 000	
应收账款	40 000			35 000	5 000	
原材料	30 000		8 000		38 000	
固定资产	260 000		40 000		300 000	
应付账款		30 000	8 000	40 000		62 000
短期借款		80 000		258 000		338 000
实收资本		238 000		100 000		338 000
合计	348 000	348 000	446 000	446 000	738 000	738 000

需要注意的是，试算平衡表只是通过借贷金额是否平衡来检查账户记录是否正确。如果试算不平衡，说明账户记录一定有错误；如果试算平衡，也不能说明账户记录一定正确。因为有些错误并不影响借贷双方平衡，例如某些经济业务漏记、重复记录、记错会计科目，或者借贷方向记反了，这些错误都不能通过试算平衡检查出来。

本章小结

本章重点讲述了设置账户和复式记账这两种会计核算方法。账户是按会计科目设置的，对所发生的交易或者事项进行连续、系统的记录的一种工具。复式记账法，是指每一项交易或者事项发生后，都要以相等的金额在两个或两个以上相互联系的账户中进行登记的一种方法，目前普遍采用的是借贷记账法。借贷记账法以"借"和"贷"为记账符号，以"有借必有贷，借贷必相等"为记账规则。登账之前要以会计分录的形式在记账凭证中进行记录，全部交易或者事项的会计分录入账之后，可以通过试算平衡来检查账户记录的正确性。

本章练习题

一、单项选择题

1. 会计账户的开设是依据（　　）。
   A. 会计对象　　　　　　B. 会计要素
   C. 会计科目　　　　　　D. 会计方法

2. 复式记账法是对每一项交易或者事项，都以相等的金额在（　　）的一种方法。
   A. 一个账户登记　　　　B. 两个账户登记
   C. 一个或两个账户登记　D. 两个或两个以上账户登记

3. 在借贷记账法下，资产类账户的期末余额一般在（　　）。
   A. 借方　　　　　　　　B. 增加方
   C. 贷方　　　　　　　　D. 减少方

4. 复式记账法的理论依据是（　　）。
   A. 会计要素　　　　　　B. 会计原则
   C. 会计职能　　　　　　D. 会计恒等式

5. 预付给供货单位的货款，可视同一种（　　）。
   A. 损益支出　　　　　　B. 负债
   C. 所有者权益　　　　　D. 资产

6. 下列会计科目中，属于负债类的是（　　）。
   A. "制造费用"科目　　　B. "预付账款"科目
   C. "应付利息"科目　　　D. "其他应收款"科目

7. 账户余额一般与（　　）在同一方向。
   A. 减少额　　　　　　　B. 借方发生额
   C. 贷方发生额　　　　　D. 增加额

8. "累计折旧"账户属于（　　）。
   A. 资产类账户　　　　　B. 负债类账户
   C. 费用类账户　　　　　D. 损益类账户

9. "应收账款"账户期初借方余额1 500元，本期减少发生额2 000元，期末借方余额500元，则该账户本期借方发生额为（　　）元。
   A. 0　　　　　　　　　　B. 1 000
   C. 500　　　　　　　　　D. 3 000

10. 某企业资产总额为100万元，当发生下列三笔经济业务后：（1）向银行借款20万元并存入银行；(2) 用银行存款偿还应付账款 5 万元；(3) 收回应收账款 4 万元并存入银行。其资产总额为（　　）万元。

 A. 115   B. 119

 C. 111   D. 71

11. 在借贷记账法下，所有者权益类账户的期末余额等于（　　）。

 A. 期初贷方余额 + 本期贷方发生额 – 本期借方发生额

 B. 期初借方余额 + 本期贷方发生额 – 本期借方发生额

 C. 期初借方余额 + 本期借方发生额 – 本期贷方发生额

 D. 期初贷方余额 + 本期借方发生额 – 本期贷方发生额

12. 下列错误中，能够通过试算平衡查找的是（　　）。

 A. 重复登记某项经济业务

 B. 漏记某项经济业务

 C. 应借应贷账户的借贷方向颠倒

 D. 应借应贷账户的借贷金额不符

13. 下列会计科目中，属于明细分类科目的是（　　）。

 A. "盈余公积"科目   B. "利润分配"科目

 C. "应付股利"科目   D. "未分配利润"科目

14. 下列各项中，不符合借贷记账法记账规则的是（　　）。

 A. 资产与所有者权益同时减少

 B. 两项资产同时增加

 C. 资产与负债同时增加

 D. 资产与负债同时减少

15. 下列各账户中，本期增加的金额记入借方的是（　　）。

 A. "本年利润"账户   B. "资本公积"账户

 C. "管理费用"账户   D. "主营业务收入"账户

二、多项选择题

1. 下列账户中，属于负债类账户的有（　　）。

 A. "预付账款账户"   B. "预收账款账户"

 C. "短期借款账户"   D. "应收账款账户"

2. 会计科目按科目的级次可以划分为（　　）。

 A. 总分类科目   B. 明细分类科目

 C. 资产类科目   D. 负债类科目

3. 采用借贷记账法时，账户的借方一般用来登记（　　）。

 A. 资产的增加   B. 收入的减少

C. 费用的增加　　　　　　D. 负债的增加

4. 借贷记账法的记账符号"借"对下列账户表示增加的有（　　）。

A. "固定资产"账户　　　　B. "无形资产"账户

C. "银行存款"账户　　　　D. "预收账款"账户

5. 下列各账户中，属于成本类账户的有（　　）。

A. "主营业务成本"账户　　B. "生产成本"账户

C. "劳务成本"账户　　　　D. "制造费用"账户

6. 下列经济业务中，会引起基本会计等式两边同时发生增减变动的有（　　）。

A. 购进材料尚未付款　　　B. 从银行提取现金

C. 向银行借款并存入银行　D. 投资者追加投资

7. 下列经济业务中，会引起资产一增一减的有（　　）。

A. 用银行存款支付购买汽车价款

B. 用银行存款购买材料

C. 从银行提取现金

D. 用银行存款偿还前欠材料款

8. 下列关于费用类账户的说法中，正确的有（　　）。

A. 借方登记费用金额的增加

B. 借方登记费用金额的减少

C. 期末结转后无余额

D. 贷方登记费用金额的减少

9. 下列账户中，属于资产类账户的备抵账户的有（　　）。

A. "资产减值损失"账户　　B. "累计折旧"账户

C. "累计摊销"账户　　　　D. "固定资产减值准备"账户

10. 试算平衡不能检查的错账包括（　　）。

A. 漏记购买的设备

B. 购买材料重复入账

C. 将产品生产领用材料计入管理费用

D. 车间计提折旧 5 000 元，制造费用入账 2 000 元

三、业务题

1. 目的：熟悉会计科目与会计要素之间的关系。

资料：某工业企业财务状况的各项相关资料如表 3-7 所示，请分别判断其对应的会计要素和会计科目。

表 3-7 财务状况相关资料

序号	经济内容	会计要素	会计科目
1	车间厂房		
2	应收购货单位货款		
3	销售商品实现的收入		
4	偿还期为两年的银行借款		
5	应付职工的工资		
6	企业行政管理部门发生的费用		
7	企业销售部门发生的费用		
8	短期借款利息费用		
9	收到国家投入的资本金		
10	车间组织管理产品生产发生的费用		

2. 目的：练习试算平衡表的编制。

资料：东方公司 2019 年 7 月初各账户的余额如表 3-8 所示。

表 3-8 账户余额表　　　　　　　　　　　　　　　　　　　　单位：元

资产类科目		权益类科目	
库存现金	10 000	短期借款	25 000
银行存款	12 000	应付账款	15 000
应收账款	30 000	实收资本	138 000
原材料	26 000		
固定资产	100 000		
合计	178 000	合计	178 000

7 月份发生如下交易或者事项：

（1）收到投资者投入的货币资金 300 000 元，已存入银行。

（2）用银行存款 30 000 元（不考虑增值税）购入不需要安装的设备一台。

（3）从银行提取现金 5 000 元备用。

（4）向银行借入短期借款 150 000 元，存入银行。

（5）向甲公司购入一批原材料，价款 50 000 元，款项尚未支付，材料已验收入库。

（6）用银行存款偿还前欠乙公司材料款 10 000 元。

（7）收到丙公司上月欠款 12 000 元。

要求：

（1）根据所给交易或者事项编制会计分录；

（2）开设并登记有关总分类账户；

（3）根据账户登记结果编制"总分类账户发生额及余额试算平衡表"。

巩固练习

一、单项选择题

1. 在借贷记账法中，账户的哪一方增加，哪一方减少，是由（　　）决定的。
   A. 记账规则
   B. 账户性质
   C. 业务性质
   D. 账户结构

2. 下列各项中，属于资产的有（　　）。
   A. 银行存款
   B. 应付职工薪酬
   C. 短期借款
   D. 实收资本

3. 会计科目是（　　）的名称。
   A. 会计凭证
   B. 会计账簿
   C. 会计账户
   D. 会计报表

4. 账户的对应关系是指（　　）。
   A. 总分类账与明细分类账之间的关系
   B. 总分类账与日记账之间的关系
   C. 总分类账与备查账之间的关系
   D. 有关账户之间的应借应贷关系

5. 复式记账法的基本理论依据是（　　）。
   A. 资产 = 负债 + 所有者权益
   B. 借方发生额 = 贷方发生额
   C. 期初余额 + 本期增加数 – 本期减少数 = 期末余额
   D. 收入 – 费用 = 利润

6. 借贷记账法的记账规则是（　　）。
   A. 以相等的金额在两个或两个以上的账户中同时进行登记
   B. 有借必有贷，借贷必相等
   C. 账户的借方登记减少数，贷方登记增加数
   D. 账户的借方登记增加数，贷方登记减少数

7. 下列账户中，属于资产性质账户的是（　　）。
   A. "应付账款"账户

B. "预收款项"账户

C. "实收资本"账户

D. "应收账款"账户

8. 下列账户中,属于负债性质账户的是（ ）。

A. "应收账款"账户

B. "预收款项"账户

C. "实收资本"账户

D. "应收票据"账户

9. 企业进行年终利润结转后,可能有余额的账户是（ ）。

A. "财务费用"账户

B. "所得税费用"账户

C. "主营业务收入"账户

D. "生产成本"账户

10. 复式记账法是指任何一笔经济业务都必须用相等的金额在两个或两个以上的有关账户中（ ）。

A. 一个记增加,另一个记减少

B. 两个都记增加

C. 两个都记减少

D. 全面地、相互联系地进行登记

二、多项选择题

1. 借贷记账法的主要特征有（ ）。

A. 是一种单式记账法

B. 是一种复式记账法

C. 以"借""贷"为记账符号

D. 记录资金的"借入""贷出"

E. 以"有借必有贷,借贷必相等"为记账规则

2. 下列会计科目中,属于负债科目的有（ ）。

A. "预收账款"科目

B. "材料采购"科目

C. "应付利息"科目

D. "利润分配"科目

3. 下列会计科目中,属于资产科目的有（ ）。

A. "预付账款"科目

B. "原材料"科目

C. "应付利息"科目

D. "股本"科目

4. 在借贷记账法下，损益类账户期末（　　）。

A. 可能结转到本年利润的借方

B. 可能结转到本年利润的贷方

C. 余额在贷方

D. 余额在借方

E. 借方、贷方都有余额

5. 下列各账户中，期末一般有余额在借方的是（　　）。

A. "主营业务收入"账户

B. "原材料"账户

C. "应收账款"账户

D. "固定资产"账户

三、判断题

1. 总账之间如果试算平衡，则说明记账没有错误。（　　）
2. 借贷记账法的记账规则是"有借必有贷，借贷必相等"。（　　）
3. 应付账款、预付账款、其他应付款都属于企业的负债。（　　）
4. 账户余额一般与增加额在同一方向。（　　）
5. 能够通过试算平衡查找的错误有重记经济业务、借贷金额不等。（　　）
6. "应收账款"账户期初余额为5 000元，本期借方发生额为6 000元，贷方发生额为4 000元，则期末余额为借方7 000元。（　　）
7. 资产账户期末余额一般在借方。（　　）
8. 在借贷记账法中，账户哪方记增加数、哪方记减少数，是由账户的性质决定的。（　　）
9. 对于那些既要进行总分类核算又要进行明细分类核算的经济业务发生后，总分类账户和其所属的明细分类账户必须平行登记。（　　）
10. 应收账款、预付账款属于负债类科目。（　　）

四、计算分析题

某企业会计资料如表3-9所示。

表3-9　会计资料信息　　　　　　　　　　　　　　　　单元：元

会计科目	期初余额		本期发生额		期末余额	
	借方	贷方	借方	贷方	借方	贷方
库存现金	2 000			1 000		

续表

会计科目	期初余额		本期发生额		期末余额	
	借方	贷方	借方	贷方	借方	贷方
银行存款	10 000		5 000	2 000		
原材料	2 000					
库存商品	4 000			3 000		
固定资产	40 000		20 000			
短期借款		20 000				
应付账款		2 000				
应付职工薪酬		2 000	2 000			
应交税费		1 000	1 000	500		
应付利息		1 000				
长期借款				20 000		
股本		20 000				
资本公积		1 000				
盈余公积		1 000		150		
利润分配		10 000		1 350		
合　　计						

要求：

（1）计算表3-9中所有科目的期末余额和所有合计数。

（2）分析期初余额、本期发生额和期末余额的借方和贷方分别有什么特点和关系。

第四章

借贷记账法的应用

学习目标

通过本章的学习，使学生了解工业企业主要经济业务的核算内容，理解并掌握借贷记账法在制造业企业经济业务核算中的应用，掌握主要会计账户的用途和结构，掌握工业企业资金筹集业务、材料采购业务、产品生产业务和销售业务的核算内容以及账务处理，掌握利润的形成和分配过程的账务处理。

导入案例

王凯和李华大学毕业后打算合伙创业，二人决定投资成立一家有限责任公司，主要生产经营面包、饼干等副食产品。2020年6月1日，工商管理部门批准了他们的申请并签发了营业执照，"凯华食品有限责任公司"正式成立。公司的注册资本为1 000 000元，其中王凯出资400 000元，李华出资350 000元，向中国工商银行武汉支行借入250 000元，款项已经存入公司的开户行。

2020年6月1日同时发生下列数笔交易：

（1）租用一间厂房，通过银行存款支付一年的租金60 000元。

（2）购买两台机器设备，总价款为20 000元，支付了10 000元，剩余的部分约定1个月内偿还。

（3）购买面粉、牛奶、鸡蛋、黄油、食盐、调料等原材料共15 000元，款项已支付。

月底，王凯又以自己的储蓄100 000元进行追加投资，且购买机器设备所发生的应付款项已在约定期限内偿清，同时还要计提借款利息费用。

经过3个月的努力，企业已初步进入正轨，生产经营状况良好，产品销量逐步增加，企业预计将持续经营下去并不断盈利。

请思考：

（1）王凯和李华两人创立的公司资金来源渠道有哪些？

(2) 公司成立后，主要的经营活动有哪些？公司盈利后如何计算并分配公司的利润？

通过本章的学习，希望你能解决以上的问题。

前面的章节主要介绍了会计的概念、会计要素、账户的设置、复式记账的原理及借贷记账法等内容。从中了解到，会计对象是指企业在生产经营过程中的资金运动，包括资金筹集、资金循环与周转、资金退出。由于工业企业对其体现得较为全面，所以，本章将以工业企业为例来阐述借贷记账法在主要经济业务中的运用及会计核算。

工业企业是直接从事工业性生产经营活动（或劳务）的营利性经济组织。其生产经营活动的进行，首先是筹措资金、购置固定资产、采购原材料等；其次是将资产投入运营，进行产品生产，计算完工产品的成本；再次是销售产品，取得销售收入，结转销售成本，并以收入抵减支出核算企业财务成果；最后就是对企业的财务成果进行分配。

综上所述，工业企业的生产经营过程就是以产品生产为中心的生产准备（供应过程）、产品的加工制造（生产过程）、产品的出售和款项结算（销售过程），以及处于供、产、销过程两头的筹资过程和财务成果的计算与分配过程。企业从事生产经营的过程也就是企业发生各种经济业务的过程。因此，工业企业的经济业务核算主要包括资金筹集业务核算、材料采购业务核算、产品生产业务核算、销售业务核算和经营成果形成与分配业务核算五个方面。

第一节　资金筹集业务的核算

一个工业企业要从事生产经营活动，首先必须筹措一定数量的资本金。企业筹资的来源渠道可以分为两大类：一是所有者投入的资本，它形成企业的永久性资本，也称为所有者权益，主要包括所有者投资和企业留存收益；二是企业向债权人借入的资本，如向银行或其他金融机构获取的借款、企业发行的债券等，这部分资金具有明确的还本付息期限，当债务到期时，企业应当立即归还。由此可见，企业资金筹集业务的主要内容包括投入资本的核算和借入资本的核算两部分。下面分别介绍这两类业务。

一、投入资本的核算

企业的设立必须有法定的资本，它是保证企业正常经营的必要条件，也是企业承担经营风险的基本保障。资本是由投资者认缴的，并经工商行政管理部门核准的投资总额。企业的实收资本与注册资本应当保持一致，除法律、法规和协议另有规定者外，投入资本不得抽回。

企业收到的投入资本就其形态而言，可以是现金、银行存款等货币形态的资金，也可以是原材料、机器设备等实物形态的资金，还可以是专利权等无实物形态的资金等。按照投资主体的不同，实收资本分为国家资本（国有股）、法人资本（法人股）、外商资本（外资股）和个人资本（社会公众股）等；按照投资形态的不同，实收资本分为货币投资、实物投资、证券投资和无形资产投资等。

（一）账户设置

企业实际收到投资者投入企业的注册资本称为实收资本，企业实际收到投资者投入企的资本超过注册资本的部分称为资本公积。因此，为了核算投入资本业务，企业应设置以下会计账户。

1. "实收资本"账户

企业实际收到投资者投入的资本时，通过"实收资本"账户（股份有限公司的该科目为"股本"）来反映。该账户属于所有者权益类账户，用来核算企业实收资本的增减变动及其结余情况。贷方登记企业实际收到的投资者投入的资本（股本）金，借方登记退回给投资者的资本（股本）金，即投资者撤资；期末余额在贷方，表示期末所有者投资的实有数额。该账户应该按投资人设置明细账，进行明细分类核算。

2. "资本公积"账户

由于投资者超额缴入资本、股份有限公司溢价发行股票等，企业收到投资者的超出其在注册资本（或股本）中所占份额的投资时，通过"资本公积"账户来反映。该账户属于所有者权益类账户，用来核算企业资本公积的增减变动及其结余情况，包括资本溢价和股本溢价等。其贷方登记资本公积的增加数，借方登记资本公积的减少数；期末余额在贷方，表示资本公积的实有数额。该账户一般可按"资本溢价"（或"股本溢价"）和"其他资本公积"设置明细账，进行明细分类核算。

当投资者投入现金时，应按实际收到或存入企业开户银行的金额借记"银行存款"账户；以实物资产投资的，应在办理实物产权转移手续时，借记有关资产账户（固定资产、原材料等）；以无形资产投资的，应在按照合同、协议或公司章程规定移交有关凭证时，借记"无形资产"账户。企业收到的所有者投资，应按其在注册资本或股本中所占的份额，贷记"实收资本"或"股本"账户，实际收到的投入金额中超过注册资本的部分贷记"资本公积"账户。

(二) 业务举例

【例4-1】收到阳光有限责任公司投入的一台机器设备，双方评估确认的价值为200 000元。根据投资协议规定，阳光公司投入的资本全部确认为实收资本。

【分析】这笔经济业务的发生，一方面使企业的固定资产增加20 0000元，应记入"固定资产"账户的借方，另一方面使投资者投入的实收资本增加200 000元，应记入"实收资本"账户的贷方。其应编制的会计分录为：

借：固定资产——机器设备　　　200 000
　　贷：实收资本——阳光公司　　　　200 000

【例4-2】A有限责任公司收到B公司投资500 000元，款项已存入银行。按照公司章程规定，应确认为注册资本的金额为300 000元，其余的作为资本公积处理。

【分析】这笔经济业务的发生，一方面使企业的银行存款增加50 0000元，另一方面使投资者投入的实收资本增加300 000元，同时也使企业的资本公积增加200 000元。其应编制的会计分录为：

借：银行存款　　　　　　　　　500 000
　　贷：实收资本——B公司　　　　　300 000
　　　　资本公积　　　　　　　　　　200 000

【例 4-3】 C 股份有限公司通过华夏证券公司发行普通股 1 000 000 股,每股面值 1 元,发行市价为 3 元/股,假设不考虑发行手续费等。该公司已将收到的 3 000 000 元款项存入银行。

【分析】 在本经济业务中,股本数额是以面值计算的,即 1 000 000 元,超出部分应全部记入资本公积。所以,这笔经济业务的发生,一方面使企业的银行存款增加 3 000 000 元,另一方面使投资者投入的股本增加 1 000 000 元,同时也使企业的资本公积增加 2 000 000 元。其应编制的会计分录为:

借:银行存款　　　　　　　　　　　3 000 000
　　贷:股本　　　　　　　　　　　　1 000 000
　　　　资本公积——股本溢价　　　　2 000 000

二、借入资本的核算

企业在生产经营过程中,除了取得所有者投入资本外,由于资金周转、生产规模扩大等原因,可以向银行或其他金融机构借入资金,也可以向社会公众发行债券,以满足企业的资金需求。企业应合理安排投入资本和借入资本的结构比例,二者的比例是否恰当将直接影响企业经营发展和财务状况。

(一) 账户设置

企业举债借入的各种款项必须按规定用途使用,要求定期支付利息并到期偿还本金。借入款项按偿还期限的长短,可分为短期借款和长期借款。为了核算企业发生的各项借款业务,根据会计制度规定,企业应设置以下会计账户。

1. "短期借款"账户

"短期借款"账户属于负债类账户,用来核算企业向银行或其他金融机构借入的期限在一年以下(含一年)的各种借款,如临时借款、生产经营周转借款等。在资产负债表上,它属于流动负债。其贷方登记取得的短期借款,借方登记到期偿还的短期借款;期末余额在贷方,表示企业尚未偿还的短期借款数额。该账户可按债权人和借款种类设置明细账,进行明细分类核算。

2. "长期借款"账户

"长期借款"账户属于负债类账户,用来核算企业向银行或其他金融机构借入的期限在一年以上(不含一年)的各种借款,如购置固定资产借款、新建或扩建固定资产借款等。在资产负债表上,它属于非流动负债。其贷方登记取得的各种长期借款的本金,借方登记到期偿还的长期借款本金;期末余额在贷方,表示尚未归还的长期借款本金数额。该账户按债权人和借款种类设置明细账,进行明细分类核算。

3. "财务费用"账户

借款利息是企业使用借入资本所必须支付的代价或成本,为此,应设置"财务费用"账户。该账户属于损益类账户,是用来核算企业为筹集生产经营所需资金而发生的各项筹资费用,包括利息支出(减利息收入)、相关手续费等。其借方登记企业实际发生的各项财务费用,期末要通过贷方转入"本年利润"账户,结转后无余额。该账户可按费用项目设置明细账,进行明细分类核算。

4. "应付利息"账户

期末,企业应将在本期已发生但下期支付的利息,通过"应付利息"账户进行核算。该账户属于负债类账户,是用来核算企业因借入资金已经发生但尚未实际支付的利息费用。其贷方登记应付而未付的利息,借方登记本期实际偿还的利息;期末余额在贷方,表示企业已经预提但尚未支付的利息费用。该账户可按照费用种类设置明细账户,进行明细分类核算。

(二) 业务举例

【例 4 – 4】企业于 2020 年 3 月 1 日从银行借入为期 2 个月的临时周转借款 50 000 元,借款年利率为 6%。款项已存入银行。

【分析】这笔经济业务的发生,一方面使企业的银行存款增加 50 000 元,另一方面也使企业的短期借款增加 50 000 元。其应编制的会计分录为:

借:银行存款　　　　　　50 000
　　贷:短期借款　　　　　　50 000

【例 4 – 5】3 月 31 日,企业预提应由本月负担的短期借款利息费用 250 (50 000 × 6% ÷ 12 = 250) 元。

【分析】这笔经济业务的发生,一方面使企业的财务费用增加 250 元,另一方面使企业应付而未付的利息增加 250 元。其应编制的会计分录为:

借:财务费用　　　　　　250
　　贷:应付利息　　　　　　250

【例 4 – 6】2020 年 4 月 30 日,企业以银行存款支付 3 月 1 日借入的为期 2 个月的借款本金 50 000 元和 2 个月的借款利息 500 元 (其中,3 月的利息费用已预提 250 元)。

【分析】这笔经济业务的发生,可以分两步考虑:一方面,偿还借款本金和利息,使企业的银行存款减少 50 500 元;另一方面,使企业短期借款本金减少 50 000 元,应付利息减少 250 元 (3 月已预提),财务费用增加 250 元 (计算 4 月份的利息)。其应编制的会计分录为:

借:短期借款　　　　　　50 000
　　财务费用　　　　　　　250
　　应付利息　　　　　　　250
　　贷:银行存款　　　　　　50 500

【例 4 – 7】企业向银行借入期限为 5 年的长期借款 200 000 元,年利率为 10%。款项已存入银行。

【分析】这项借款期限超过 1 年,应属于长期借款。这笔经济业务的发生,一方面使企业的银行存款增加 200 000 元,另一方面也使企业的长期借款增加 200 000 元。其应编制的会计分录为:

借:银行存款　　　　　　200 000

贷：长期借款　　　　　200 000
由于长期借款利息的计提与处理相对复杂，在基础会计学中不予讲解。

第二节　材料采购过程的核算

　　采购过程是为生产产品做准备的过程。为了正常进行产品生产，企业必须购建厂房、机器设备等劳动资料；进行材料采购，形成材料储备。因此，采购过程的核算内容主要包括固定资产购建业务和材料采购业务。由于外购的、无须安装的固定资产业务核算与材料采购业务核算相似，因此，本节内容将主要介绍材料采购业务的内容和账务处理。

一、材料采购业务的核算内容

　　企业采购业务是生产经营活动的准备环节，通过材料采购形成企业的储备资金。在采购活动中，主要是购买原材料等生产物资，若采购和储备不足，生产需要不能及时得到满足；若采购或储备过多，又会造成存货积压。所以，材料的采购和储备既要满足生产的需求，又不能占用过多的资金。

　　企业在材料采购过程中，一方面要从供应单位购进所需的各种原材料，计算材料的采购成本；另一方面要按照规定支付材料的买价和采购费用，进行货款结算。买价是指采购材料时，按发票价格支付的金额。采购费用是指企业在购入材料过程中所支付的各项费用，包括材料的运杂费（运输费、装卸费、保险费、仓储费等）、运输途中的合理损耗、入库前的整理挑选费以及进口关税（小规模纳税人还包括增值税的进项税）等。材料的买价加上各项采购费用，就构成了材料的采购成本。

　　需要注意的是，实际工作中，对某些本应计入材料采购成本的采购费用，如采购人员的差旅费、专设采购机构的经费、市内采购材料的运杂费等，工业制造企业为了简化核算，一般不计入材料采购成本，而作为期间费用（管理费用）处理。

　　因此，材料采购业务核算的内容包括材料采购成本的计算、材料的验收入库以及材料货款的结算三部分。企业采购的材料可以按计划成本核算，也可以按实际成本核算。本节的采购材料将按实际成本核算予以介绍。

二、材料采购业务的账户设置

　　企业原材料按实际成本进行日常收、发核算时，其特点是从材料的收、发凭证到材料明细分类账和总分类账全部按实际成本计价。为了核算原材料在材料采购过程中的增减变动情况，企业应设置以下会计账户。

　　1. "在途物资"账户

　　"在途物资"账户属于资产类账户，用来核算企业采用实际成本采购材料等物资的日常情况。其借方登记企业购入但尚未到达或已运达企业但尚未验收入库的各种材料的实际成本（包括买价和采购费用），贷方登记已验收入库材料的实际采购成本；期末余额在借方，表示企业在途材料的实际成本。该账户可按供应单位和材料品种或种类设置明细账，进行明细分类核算。

实务中,企业购入的材料,不论是否已经付款,一般都应先记入"在途物资"账户,在材料验收入库结转成本时,再将其成本转入"原材料"账户。

2. "原材料"账户

"原材料"账户属于资产类账户,用来核算企业各种库存材料的增减变动和结存情况。其借方登记验收入库材料的实际成本,贷方登记发出材料的实际成本;期末余额在借方,表示库存材料的实际成本。该账户可按材料的保管地点(仓库)、材料的类别、材料的品种及规格等设置明细分类账,进行明细分类核算。

3. "应付账款"账户

"应付账款"账户属于负债类账户,用于核算企业因购买材料、接受劳务等而应付给供应单位的款项。其贷方登记因购买材料、商品和接受劳务供应而应付未付的款项,借方登记已偿还的应付款项;期末余额一般在贷方,表示企业尚未偿还的应付款;如为借方余额,表示企业预付的款项。该账户可按供应单位设置明细账,进行明细分类核算。

4. "应付票据"账户

"应付票据"账户属于负债类账户,用来核算企业采用商业汇票(商业承兑汇票或银行承兑汇票)结算债务的情况。其贷方登记企业开出的商业汇票的票面金额,借方登记汇票已到期并按票面偿还的金额;期末余额在贷方,表示尚未到期的应付票据款项。该账户应按照债权人和票据种类设置明细账,进行明细分类核算。

5. "应交税费——应交增值税"账户

"应交税费——应交增值税"账户属于负债类账户,用来核算企业增值税的应交及交纳情况。对于增值税一般纳税人,应交纳的增值税为销项税额减去进项税额之后的余额。纳税人购进货物或接受应税劳务而发生的进项税额记入该账户的借方,纳税人销售货物或提供应税劳务而发生的销项税额记入该账户的贷方;期末余额一般在贷方,表示应交纳而未交的增值税额。

应交增值税还应分别根据"进项税额"(借方)、"销项税额"(贷方)、"出口退税"(贷方)、"进项税额转出"(贷方)、"已交税金"(借方)等设置专栏。

三、材料采购业务的业务举例

【例 4-8】假定向 A 公司购入甲材料 4 000 千克,单价 50 元/千克,取得的增值税专用发票上注明的材料价款为 200 000 元,增值税进项税额为 26 000 元。材料已经到达企业但尚未验收入库,货款已用银行存款转账支付。

【分析】这笔经济业务的发生,一方面使企业的在途物资成本增加了 200 000 元,增值税进项税额增加了 26 000 元;另一方面也使企业的银行存款减少 226 000 元。其应编制的会计分录为:

借:在途物资——甲材料　　　　　　　　　　200 000
　　应交税费——应交增值税(进项税额)　　 26 000

  贷：银行存款   226 000

【例 4 – 9】 向 B 公司购入乙材料 2 000 千克，单价 80 元/千克，取得的增值税专用发票上注明的材料价款 160 000 元，增值税进项税额为 20 800 元。材料已经验收入库，货款尚未支付。

【分析】 这笔经济业务的发生，一方面使企业的原材料增加了 160 000 元，增值税进项税额增加了 20 800 元；另一方面也使企业的应付账款增加了 180 800 元。其应编制的会计分录为：

  借：原材料——乙材料   160 000
    应交税费——应交增值税（进项税额） 20 800
    贷：应付账款——B 公司   180 800

如果上述所购材料的货款用银行存款支付，则应编制的会计分录为：

  借：应付账款——B 公司   180 800
    贷：银行存款   180 800

【例 4 – 10】 向 C 公司购入丙、丁两种材料并收到该公司开具的增值税专用发票，发票上列明丙材料 4 000 千克、单价 25 元/千克、价款 100 000 元、增值税 13 000 元；丁材料 8 000 千克、单价 20 元/千克、价款 160 000 元、增值税 20 800 元；两种材料价税合计金额为 293 800 元。材料尚未验收入库，货款已用银行存款支付。另以银行存款支付丙、丁材料运杂费、装卸费等共计 6 000 元。

【分析】 材料采购费用是材料采购成本的构成部分。凡能分清材料种类、品种的，所支付的费用直接计入该种材料的采购成本；不能分清材料种类、品种的，如运杂费、装卸费等采购费用，按照一定的分配标准（如材料的重量、体积、买价等），分配计入各种材料的采购成本。

因上述采购费用是为丙、丁两种材料共同发生的，为准确计算各种材料的采购成本，应将其按照适当的标准采用比例分配法在所采购的材料之间进行分配。本例中，采购费用按照重量进行分配，分配计算方法和过程如下：

  采购费用分配率 = 实际发生的采购费用 ÷ 材料的买价或重量
        = 6 000 ÷（4 000 + 8 000）= 0.5（元/千克）

某种材料应分担的采购费用 = 该材料的重量或买价 × 采购费用分配率
丙材料应分担的采购费用 = 4 000 × 0.5 = 2 000（元）
丁材料应分担的采购费用 = 8 000 × 0.5 = 4 000（元）

其应编制的会计分录为：

  借：在途物资——丙材料   102 000（100 000 + 2 000）
      ——丁材料   164 000（160 000 + 4 000）
    应交税费——应交增值税（进项税额） 33 800
    贷：银行存款   299 800

【例 4 – 11】 上述向 C 公司购入的丙、丁两种材料均已验收入库，结转材料采购成本。

  借：原材料——丙材料   102 000
      ——丁材料   164 000

贷：在途物资——丙材料　　　　　　　　　102 000
　　　　　　——丁材料　　　　　　　　　164 000

第三节　生产过程的核算

产品生产过程是企业生产人员借助机器、设备，将原材料加工成设计要求的产品，它是工业企业生产经营活动的中心环节。产品生产过程，既是劳动者借助劳动资料对劳动对象进行加工生产产品的过程，同时也是物化劳动和活劳动的消耗过程。企业在生产过程中发生的各种费用，主要包括材料费用（劳动对象耗费）、固定资产消耗（劳动资料耗费）、工资费用（活劳动耗费）和其他费用。

一、产品生产过程的主要内容

产品生产过程的经济业务包括两个方面：一是将产品生产过程中发生的各种生产耗费进行归集和分配，具体包括材料费用、人工费用、折旧费用、生产车间的共同耗费形成的制造费用等，最终计算出完工产品的总成本和单位成本；二是将生产经营活动中行政管理部门为组织管理生产而发生的各项期间费用进行归集和分配等。因此，产品生产过程中生产费用的发生、归集和分配，以及完工产品成本的计算，就构成了产品生产业务核算的主要内容。

二、生产过程的账户设置

根据生产业务核算的要求，生产阶段一般需要设置以下账户。

1. "生产成本"账户

"生产成本"账户属于成本类账户，用来归集产品生产过程中所发生的应计入产品成本的直接材料、直接人工和制造费用，并据以计算产品的生产成本。其借方登记本期实际发生的、应计入产品成本的生产费用，贷方登记期末已完工并验收入库产品的实际成本；期末余额在借方，表示尚未完工产品（在产品）的成本。该账户应按成本计算对象（通常以产品品种）设置明细账，进行明细分类核算。

2. "制造费用"账户

"制造费用"账户属于成本类账户，用来归集和分配企业在车间范围内为组织和管理产品生产所发生的不便于直接计入"生产成本"账户的各项间接费用，包括车间管理人员的工资及福利费、车间固定资产折旧费、办公费、水电费、机物料消耗、劳动保护费、修理期间的停工损失等。其借方登记本月生产车间实际所发生的各项制造费用，贷方登记期末按照一定标准分配计入各种产品成本的制造费用；期末一般无余额。该账户应按生产车间设置明细账，并在账内按费用项目设置专栏，进行明细分类核算。

需要注意的是，企业生产车间（部门）和行政管理部门等发生的固定资产修理费用，通过"管理费用"账户核算，不通过本账户核算。

3. "应付职工薪酬"账户

职工薪酬，是指职工在职期间和离职后企业提供给职工的全部货币性薪酬和非货币性薪酬,既包括提供给职工本人的薪酬,也包括提供给职工配偶、子女或其他被赡养人的福利等。

"应付职工薪酬"账户属于负债类账户,用来核算企业根据规定应付给职工的各种薪酬,包括职工工资、奖金、津贴和补贴、职工福利费、医疗保险费、养老保险费、失业保险费、工伤保险费和生育保险费、住房公积金、非货币性福利等。其贷方登记期末计算分配的工资费用总额(即应付工资数额),借方登记实际支付给职工的工资数额;期末余额在贷方,表示企业应付未付的职工薪酬。该账户应按照职工薪酬的构成设置明细账,并按费用项目设置专栏反映。

4. "库存商品"账户

"库存商品"账户属于资产类账户,用来核算企业库存产品的增减变动及其结存情况。其借方登记已完工并验收入库各种产品的实际生产成本,贷方登记因销售等原因出库的产品的实际成本;期末余额在借方,表示库存商品的实际成本。该账户应按产品品种和规格设置明细账,以详细反映和监督各种产成品的收、发、结存情况。

5. "累计折旧"账户

固定资产是企业的主要劳动资料,它在使用期内始终保持其原有的物资形态不变,但固定资产的价值会因使用而逐步转移到企业的成本、费用中去,因此,固定资产要进行折旧,即进行固定资产的价值转移。

"累计折旧"账户属于资产类账户,用来核算企业在生产经营过程中固定资产由于使用磨损而减少的累计价值,即累计折旧金额。其贷方登记每月提取的折旧额,借方登记固定资产因出售、毁损、报废、对外投资等原因减少时应注销的固定资产累计折旧额,期末余额在贷方,表示企业现有固定资产已提取的累计折旧金额。该账户只进行总分类核算,一般不设明细账。

需要注意的是,"累计折旧"账户是"固定资产"的备抵调整账户。本账户从结构看,类似于负债类账户,但性质属于资产类账户,因为它反映的经济内容是资产性质。

6. "管理费用"账户

"管理费用"账户属于损益类账户,用来核算企业行政管理部门为组织和管理生产经营活动所发生的各项费用,包括企业在筹建期内发生的开办费、董事会和行政管理部门在企业经营管理中发生的以及应由企业统一负担的公司经费(包括行政管理部门职工薪酬、物料消耗、低值易耗品摊销、办公费和差旅费等)、行政管理部门负担的工会经费、董事会费、聘请中介机构费、咨询费、诉讼费、业务招待费、技术转让费、研究费用等。其借方登记企业实际发生的各项管理费用,贷方登记期末转入"本年利润"账户的转出额;期末结转后无余额。该账户应按部门设置明细账,按费用项目设置专栏,以反映各部门、各项目管理费用的发生情况。

三、产品生产过程的业务举例

【例4-12】根据发出材料凭证汇总表,本月共耗用甲材料200 000元,其中,A产品生产耗用100 000元,B产品生产耗用50 000元,车间一般耗用30 000元,厂部一般耗用20 000元。

【分析】这笔经济业务的发生，一方面使企业的库存甲材料减少 20 0000 元，应记入"原材料"账户的贷方。另一方面使企业的有关成本费用项目增加 200 000 元，其中，用于产品生产所耗用的材料费用，应记入"生产成本"账户；用于车间一般耗用的材料费用，应记入"制造费用"账户；用于厂部一般耗用的材料费用，应记入"管理费用"账户。其编制的会计分录为：

借：生产成本——A 产品　　　　　　100 000
　　　　　　——B 产品　　　　　　　50 000
　　制造费用　　　　　　　　　　　 30 000
　　管理费用　　　　　　　　　　　 20 000
　　贷：原材料——甲材料　　　　　　　　　200 000

【例 4-13】月末根据本月"工资核算汇总表"分配本月应付职工工资总额 100 000 元。其中，生产 A 产品的生产工人的薪酬为 40 000 元，生产 B 产品的生产工人的薪酬为 30 000 元，车间管理人员的薪酬为 18 000 元，厂部管理人员的薪酬为 12 000 元。

【分析】这笔经济业务的发生，一方面使企业应付职工薪酬增加了 100 000 元，应记入"应付职工薪酬"账户的贷方。另一方面使企业的工资费用增加了 100 000 元，应当根据职工提供服务的受益对象，按其经济用途分配记入有关的成本、费用账户。其中，用于产品生产所应支付的职工薪酬记入"生产成本"账户；用于车间管理人员所应支付的职工薪酬记入"制造费用"账户，用于厂部管理人员所应支付的职工薪酬记入"管理费用"账户，其编制的会计分录为：

借：生产成本——A 产品　　　　　　 40 000
　　　　　　——B 产品　　　　　　　30 000
　　制造费用　　　　　　　　　　　 18 000
　　管理费用　　　　　　　　　　　 12 000
　　贷：应付职工薪酬——应付工资　　　　100 000

【例 4-14】假定企业开出一张转账支票，支付本月应发工资 100 000 元，由银行代发职工薪酬并直接划入职工的银行卡。

【分析】这笔经济业务的发生，一方面使企业的负债减少 100 000 元，应记入"应付职工薪酬"账户的借方；另一方面使企业的银行存款减少 100 000 元，应记入"银行存款"账户的贷方。其编制的会计分录为：

借：应付职工薪酬　　　　　　　　　100 000
　　贷：银行存款　　　　　　　　　　　　100 000

【例 4-15】月末计提本月应提折旧 10 000 元，其中，基本生产车间用固定资产应计提 7 000 元，厂部用固定资产应计提 3 000 元。

【分析】这笔经济业务的发生，一方面使企业当期的成本费用增加了 10 000 元，应按照固定资产的使用部门和用途记入相关的成本费用账户。其中，基本生产车间所使用的固定资产计提的折旧应记入"制造费用"账户的借方；厂部所使用的固定资产计提的折旧应记入"管理费用"账户的借方。另一方面，由于固定资产磨损造成的价值减少，应记入"累计折旧"账户的贷方。其编制的会计分录为：

```
借：制造费用——折旧费              7 000
    管理费用——折旧费              3 000
    贷：累计折旧                          10 000
```

【例 4-16】月末收到水电公司的账单，共计水电费 20 000 元，通过银行存款支付。其中，用于车间生产和管理的水电费 12 000 元，行政管理部门的水电费 8 000 元。

【分析】这项经济业务的发生，一方面使企业制造费用增加 12 000 元，管理费用增加 8 000 元；另一方面使企业的银行存款减少 18000 元。其编制的会计分录为：

```
借：制造费用——水电费             12 000
    管理费用——水电费              8 000
    贷：银行存款                         20 000
```

【例 4-17】月末，将本月发生的制造费用总额分配转入"生产成本"账户。"制造费用"账户中：材料费 30 000 元、职工薪酬 18 000 元、折旧费 7 000 元、水电费 12 000 元，共计 67 000 元。其中，A 产品应负担 37 000 元，B 产品应负担 30 000 元。

【分析】当企业在同一生产车间同时生产两种或两种以上的产品时，对于本月发生的制造费用，应在所加工生产的各种产品之间，选用一定的分配标准进行分配。常用的分配标准有生产工人工资、生产工人工时、机器工时等。这项经济业务的发生，一方面使 A、B 产品的生产成本增加 67 000 元，另一方面使企业的制造费用减少 67 000 元。其编制的会计分录为：

```
借：生产成本——A 产品            37 000
           ——B 产品             30 000
    贷：制造费用                        67 000
```

【例 4-18】计算并结转已完工验收入库产成品的生产成本。根据"完工产品成本计算表"得知：A 产品生产成本为 177 000 元，B 产品生产成本为 110 000 元。

【分析】结转完工产品成本的业务，一方面使企业产品成本增加了 287 000 元（A 产品 177 000 元、B 产品 110 000 元），应记入"库存商品"账户的借方；另一方面使企业的在产品成本减少了 287 000 元，应记入"生产成本"账户的贷方。其编制的会计分录为：

```
借：库存商品——A 产品            177 000
          ——B 产品              110 000
    贷：生产成本——A 产品            177 000
              ——B 产品             110 000
```

需要说明的是，本节的举例是为了让同学们初步了解和掌握成本核算的基本账务处理，为今后学习后续课程奠定基础。实务中更为复杂的产品成本计算问题将在之后的"成本会计"课程中学习。

第四节　销售过程的核算

产品销售过程是产品价值和使用价值的实现过程，是企业出售产品并收回货款的过程，也是企业经营过程的最后一个阶段。企业所生产的产品能否在市场上顺利销售出去，决定了企业能否在竞争激烈的市场环境中生存、发展并不断壮大。

一、销售业务核算的主要内容

工业制造企业在销售过程中，通过商品销售，一方面按照商品销售价格收取货款，形成商品销售收入；另一方面还要结转商品销售成本，支付商品的包装、运输、装卸、广告等销售费用，并按照国家税法的规定计算缴纳各种销售税金。企业从销售收入中扣除产品成本、销售费用、销售税金等后的差额就是企业的经营成果。除此之外，企业还要发生一些其他业务，如材料销售、固定资产出租等。

因此，产品销售业务核算的主要内容有确认商品销售收入，与购货单位结算货款，结转已销商品成本，支付销售费用，计算并缴纳销售税金，以及确定产品销售的损益。

二、主营业务销售的核算

（一）账户设置

企业的主营业务范围包括销售商品、自制半成品及提供劳务等，为了反映和监督企业销售商品或提供劳务所实现的收入、销售成本的结转，以及与购买单位之间的货款结算，企业应设置以下会计账户。

1. "主营业务收入"账户

"主营业务收入"属于损益类账户，用来核算企业因销售商品、提供劳务等主要经营业务所实现的收入及结转情况。其贷方登记本期实现的主营业务收入，借方登记本期因销售退回、销售折让发生的金额，以及期末转入"本年利润"账户的金额；期末结转后应无余额。该账户应按主营业务类别或产品名称设置明细账，进行明细分类核算。

2. "应交税费——应交增值税（销项税额）"账户

该账户属于负债类账户，用来核算企业因销售业务的发生应向购货方收取的增值税销项税额的情况。企业因销售业务的发生应向对方预收取的销项税额记入该账户的贷方。

3. "主营业务成本"账户

"主营业务成本"属于损益类账户，用来核算企业因销售商品、提供劳务等日常活动而发生的实际成本。其借方登记已售商品的实际生产成本，贷方登记本期因发生销售退回而冲减的主营业务成本，以及期末转入"本年利润"账户的数额；期末结转后无余额。该账户应按产品类别设置明细分类账，以核算每种已售商品的销售成本。

4. "销售费用"账户

"销售费用"账户属于损益类账户，用来核算企业在销售商品过程中发生的各种销售费用，主要包括保险费、广告费、运输费、包装费、展览费、商品维修费、预计产品质量保证损失、运输费、装卸费，以及企业专设销售机构（含销售网点、售后服务网点）的职工薪酬、业务费、折旧费等。其借方登记发生的各种销售费用，贷方登记期末转入"本年利润"账户的转出数；期末结转后无余额。该账户应按费用项目设置明细账，进行明细分类核算。

5. "税金及附加"账户

"税金及附加"账户属于损益类账户，用来核算企业经营活动中应负担的相关税费，包括消费税、城市维护建设税、教育费附加、资源税、土地增值税、城镇土地使用税、房产税、车船税、印花税等。其借方登记按照规定计算的本期应负担的各种税金及附加，贷方登记期末转入"本年利润"账户的数额；期末结转后无余额。该账户无须进行明细分类核算。

6. "应收账款"账户

"应收账款"账户属于资产类账户，用来核算企业因销售商品、提供劳务等经营活动形成的应收而未收的款项，包括应收的货款、增值税额、代垫的运杂费等。其借方登记由于销售业务而发生的应收款项，贷方登记已经收回的应收账款。期末余额一般在借方，表示尚未收回的应收账款；如果出现贷方余额，表示企业预收的账款。该账户应按购货单位设置明细账，进行明细分类核算。

7. "应收票据"账户

"应收票据"账户属于资产类账户。企业销售商品而购货单位采用商业汇票（商业承兑汇票或银行承兑汇票）方式结算货款时，企业应设置"应收票据"账户。企业销售商品收到开具的商业汇票时，记入"应收票据"账户的借方；票据到期收回款项时，记入"应收票据"账户的贷方。期末余额在借方，表示尚未到期的应收票据的金额。该账户应按照购货单位名称设置明细账，进行明细分类核算。

（二）业务举例

【例4-19】甲企业向江德公司销售A产品100件，每件售价2 000元，价款为200 000元，开具的增值税专用发票注明的增值税销项税额为26 000元。货已发出，款项已通过银行转账收讫。

【分析】这笔经济业务的发生，一方面使企业的银行存款增加了226 000元；另一方面，一是销售收入的实现使企业的主营业务收入增加了200 000元，二是收到增值税税款使企业的应交增值税（销项税额）增加了26 000元。其编制的会计分录为：

借：银行存款　　　　　　　　　　　　　　226 000
　　贷：主营业务收入——A产品　　　　　　　　200 000
　　　　应交税费——应交增值税（销项税额）　　26 000

【例4-20】甲企业向银盛公司销售产品并开具增值税专用发票，发票上列明B产品100件、单价1 200元/件，价款120 000元，增值税销项税额为15 600元，价税合计为135 600元。货已发出，款项尚未收到。

【分析】这笔经济业务的发生，企业虽然未收到货款，但已取得索取货款的权利，符合收入确认的条件。一方面，由于款项尚未收到，企业的应收账款增加了135 600元；另一方面，使甲企业的产品销售收入增加了120 000元，企业应交增值税（销项税额）增加了15 600元。其编制的会计分录为：

借：应收账款——银盛公司　　　　　　　　135 600
　　贷：主营业务收入——B产品　　　　　　　　120 000
　　　　应交税费——应交增值税（销项税额）　　15 600

本例中，如果甲企业后期收到银盛公司以转账支票方式偿还的货款，则编制的会计分录为：

借：银行存款　　　　　　　　　　　　135 600
　　贷：应收账款——银盛公司　　　　　　　135 600

【例 4 - 21】 企业为销售产品发生广告费 10 000 元,用银行存款支付。

【分析】 这笔经济业务的发生,一方面使企业销售费用下的广告费增加了 10 000 元;另一方面使企业的银行存款减少了 10 000 元。其应编制的会计分录为:

借：销售费用——广告费　　　　　　　10 000
　　贷：银行存款　　　　　　　　　　　　10 000

【例 4 - 22】 按照税法规定,期末,企业计算并结转本月应缴纳的城市维护建设税 3 500 元,教育费附加 1 500 元。

【分析】 这笔经济业务的发生,一方面由于销售业务而发生了纳税义务,企业的应交税费增加了 5 000(城市维护建设税 3 500、教育费附加 1 500 元)元;另一方面使企业的税金及附加增加了 5 000 元。其应编制的会计分录为:

借：税金及附加　　　　　　　　　　　5 000
　　贷：应交税费——应交城市维护建设税　　3 500
　　　　　　　　——教育费附加　　　　　　1 500

【例 4 - 23】 期末,结转本月已销商品的销售成本,其中,A 产品销售成本 80 000 元,B 产品销售成本 100 000 元。

【分析】 这笔经济业务的发生,一方面使企业的销售成本增加了 18 0000 元;另一方面,由于商品出库,企业的库存商品减少了 180 000 元。其应编制的会计分录为:

借：主营业务成本——A 产品　　　　　　80 000
　　　　　　　　——B 产品　　　　　　100 000
　　贷：库存商品——A 产品　　　　　　　80 000
　　　　　　　——B 产品　　　　　　　100 000

三、其他业务销售的核算

其他业务也称附营业务,是指企业在经营过程中发生的除主营业务以外的其他销售业务,主要包括销售材料、出租包装物、出租固定资产等。这里只介绍销售材料的会计核算。

(一) 账户设置

1. "其他业务收入"账户

"其他业务收入"账户属于损益类账户,用来核算企业除主营业务活动以外的其他经营活动实现的收入。其贷方登记本期实现的其他业务收入,借方登记期末转入"本年利润"账户的金额;期末结转后无余额。该账户应按照其他业务的种类设置明细账,进行明细分类核算。

2. "其他业务成本"账户

"其他业务成本"账户属于损益类账户,用来核算企业除主营业务活动以外的其他经营活动所发生的支出,包括销售材料的成本、出租包装物的成本,以及出租固定资产的折旧额等。其借方登记本期发生的其他业务成本,贷方登记期末转入"本年利润"账户的金额;

期末结转后无余额。该账户应按照其他业务的种类设置明细账,进行明细分类核算。

(二) 业务举例

【例4-24】 企业销售材料一批,价款5 000元,开出一张增值税专用发票,显示税额为650元。款项已经存入银行。

【分析】 这笔经济业务的发生,一方面使企业的银行存款增加了5 650元;另一方面使企业的其他业务收入增加了5 000元,应交增值税销项税额增加了650元。其应编制的会计分录为:

借:银行存款　　　　　　　　　　　5 650
　　贷:其他业务收入　　　　　　　　　5 000
　　　　应交税费——应交增值税(销项税额)　560

【例4-25】 企业结转已售材料的实际成本3 000元。

【分析】 这笔经济业务的发生,一方面使企业的库存材料减少了3 000元,另一方面使企业的其他业务成本增加了3 000元。其应编制的会计分录为:

借:其他业务成本　　　　　　　　　3 000
　　贷:原材料　　　　　　　　　　　3 000

第五节　财务成果业务的核算

一、工业企业的财务成果构成

工业企业的财务成果是指企业在一定时期内进行生产经营活动的最终成果,即企业的利润(或亏损)。它是将一定期间内的各项收入与各项费用支出相抵后形成的最终经营成果,在很大程度上反映了企业经营的效益和经营水平的高低。企业的收入,不仅包括营业收入(主营业务收入和其他业务收入),还应包括营业外收入和投资收益等。企业的费用,不仅包括为取得营业收入而发生的各种耗费,还包括营业外支出、投资损失和所得税费用等。当收入大于费用时,企业形成利润;当费用大于收入时,企业发生亏损。

为了准确反映企业利润的形成过程,分析企业各项经营活动对利润的影响,通常将其分为营业利润和营业外收支两部分,以上两部分构成利润总额,从利润总额中扣除所得税费用后的利润即为净利润(也称为税后利润)。因此,企业利润包括营业利润、利润总额和净利润三部分。其相互关系如下:

①营业利润 = 营业收入 – 营业成本 – 税金及附加 – 销售费用 – 管理费用 – 财务费用 – 资产减值损失 – 信用减值损失 + 其他收益 + 投资收益(– 投资损失) + 公允价值变动收益(– 公允价值变动损失) + 净敞口套期收益(– 净敞口套期损失) + 资产处置收益(– 资产处置损失)

其中,营业收入 = 主营业务收入 + 其他业务收入

　　　营业成本 = 主营业务成本 + 其他业务成本

②利润总额 = 营业利润 + 营业外收入 – 营业外支出

③净利润 = 利润总额 – 所得税费用

其中，所得税费用＝利润总额（税前利润）×所得税税率

企业实现的利润，首先应按照规定的税率计算并缴纳企业所得税。税后利润归投资者所有，按照有关法律或公司章程的规定进行分配，一部分留归企业自行支配，一部分分给企业的所有者。因此，企业财务成果核算的内容包括利润形成业务和利润分配业务两大部分。

二、利润形成的核算

（一）设置账户

为了核算财务成果形成业务，企业除了设置主营业务收入、主营业务成本、销售费用、管理费用、税金及附加等账户外，还应设置以下几个账户。

1. "营业外收入"账户

"营业外收入"账户属于损益类账户，用来核算企业取得的、与生产经营没有直接关系的各项净收入，主要包括处置非流动资产利得、罚款利得、接收的捐赠等。其贷方登记实现的各项营业外收入，借方登记期末转入"本年利润"账户的数额；期末结转后无余额。该账户应按营业外收入项目设置明细账，进行明细分类核算。

2. "营业外支出"账户

"营业外支出"账户属于损益类账户，用来核算与企业日常生产经营活动无关的各种支出，主要包括对外捐赠、罚款支出、非常损失等。其借方登记发生的营业外支出，贷方登记期末转入"本年利润"账户的数额；期末结转后无余额。该账户应按各支出项目设置明细账，进行明细分类核算。

需要注意的是，在进行会计核算时，不得以营业外支出直接冲减营业外收入，或以营业外收入直接冲减营业外支出。

3. "所得税费用"账户

"所得税费用"账户属于损益类账户，用来核算企业按所得税准则规定从本年度利润总额中扣除的所得税费用。其借方登记应计入本期损益的所得税费用，贷方登记期末转入"本年利润"账户的金额；期末结转后无余额。

需要说明的是，所得税费用包括两部分：当期所得税（当期应交所得税）和递延所得税。假如不考虑递延所得税，所得税费用与当期应交所得税一般来说是相同的。本书举例均假定不考虑递延所得税。

4. "本年利润"账户

"本年利润"账户属于所有者权益账户，它是一个过渡性账户，用来核算企业实现的净利润或发生的净亏损。其贷方登记期末从各收入类账户（如主营业务收入、其他业务收入、营业外收入等）转入的各项收入；借方登记期末从各费用类账户（如主营业务成本、管理费用、销售费用、财务费用等）转入的各项费用。该账户期末余额如果在贷方，表示当期实现的净利润；如果在借方，则表示当期发生的净亏损。年度终了，应将本年实现的净利润，通过本账户借方转入"利润分配"账户的贷方；如为净亏损，则作相反的会计分录。该账户年末结转后无余额。

(二) 业务举例

【例 4-26】 企业收到锦江公司的违约金 10 000 元,已存入银行。

【分析】 这笔经济业务的发生,一方面使企业的罚没收入增加了 10 000 元,应记入"营业外收入"账户的贷方;另一方面使企业的银行存款增加了 10 000 元,应记入"银行存款"账户的借方。其应编制的会计分录为:

 借:银行存款   10 000
  贷:营业外收入——罚没收入   10 000

【例 4-27】 开出金额为 6500 元的转账支票,向本市环保局交纳排污超标罚款。

【分析】 这笔经济业务的发生,一方面,由于排污超标的非正常生产经营活动,企业营业外支出增加了 6 500 元的,应记入"营业外支出"账户的借方;另一方面,使企业的银行存款减少了 6 500 元,应记入"银行存款"账户的贷方。其应编制的会计分录为:

 借:营业外支出——罚没支出   6 500
  贷:银行存款   6 500

【例 4-28】 经批准,将一笔无法支付的前欠 E 企业的账款 4 000 元转作企业的营业外收入。

【分析】 这笔经济业务的发生,一方面,由于原作为债务的条件不存在,企业的应付账款减少了 4000 元,应记入"应付账款"账户的借方;另一方面,使企业的营业外收入增加了 4 000 元,应记入"营业外收入"账户的贷方。其应编制的会计分录为:

 借:应付账款   4 000
  贷:营业外收入——坏账收入   4 000

【例 4-29】 12 月 31 日,假定 A 企业将本期实现的各项收入转入"本年利润"账户的贷方。其中,主营业务收入 210 000 元,其他业务收入 45 000 无,营业外收入 5 000 元。

【分析】 这笔经济业务的发生,一方面使企业有关损益类账户所记录的各种收入减少,应分别记入"主营业务收入""其他业务收入"和"营业外收入"账户的借方;另一方面使企业的利润增加,应记入"本年利润"的贷方。其应编制的会计分录为:

 借:主营业务收入   210 000
   其他业务收入   45 000
   营业外收入   5 000
  贷:本年利润   260 000

【例 4-30】 12 月 31 日,假定 A 企业将本期发生的各项费用转入"本年利润"账户的借方。其中,主营业务成本 98 000 元,其他业务成本 15 000 元,税金及附加 2 000 元,管理费用 12 000 元,财务费用 3 000 元,销售费用 15 000 元,营业外支出 5 000 元。

【分析】 这笔经济业务的发生,一方面使企业的有关损益类账户所记录的各种支出减少了,应分别记入"主营业务成本""其他业务成本""税金及附加""管理费用""财务费用""销售费用"和"营业外支出"七个费用类账户的贷方;另一方面使公司的利润减少了,应记入"本年利润"的借方。其应编制的会计分录为:

 借:本年利润   150 000
  贷:主营业务成本   98 000

其他业务成本	15 000
税金附加	2 000
销售费用	15 000
管理费用	12 000
财务费用	3 000
营业外支出	5 000

通过【例4-29】和【例4-30】对会计账项的结转，A企业当期发生的全部收入和费用都分别汇集在"本年利润"账户的贷方和借方，将收入（贷方发生额）与费用（借方发生额）对比，其差额即为当期实现的利润或发生的亏损。

根据以上数字，计算本月实现的利润总额，为：利润总额＝260 000－150 000＝110 000（元）。

【例4-31】年末汇算清缴A企业本年应纳所得税额。假设无其他纳税调整项目，应纳税所得额为会计利润总额110 000元，企业所得税税率为25%。

【分析】该笔业务实际上包含两笔业务。第一笔是计算所得税。一方面使企业的所得税费用增加，记入"所得税费用"账户的借方；另一方面使企业的负债增加，记入"应交税费——应交所得税"的贷方。第二笔是结转所得税。一方面使企业的利润减少，记入"本年利润"账户的借方；另一方面使企业的所得税费用减少，记入"所得税费用"的贷方。其应编制的会计分录为：

本期应交所得税＝110 000×25%＝27 500（元）

　　借：所得税费用　　　　　　　　　27 500
　　　　贷：应交税费——应交所得税　　27 500
　　借：本年利润　　　　　　　　　　27 500
　　　　贷：所得税费用　　　　　　　　27 500

通过上述业务的核算，可计算出该企业当年的净利润为：110 000－27 500＝82 500（元）。

三、利润分配的核算

财务成果的分配即利润的分配，是企业经过股东大会或类似权力机构的批准，将企业可供分配的利润按照一定的顺序进行分配的行为。利润分配不仅关系到企业未来的发展，而且关系到每个股东的利益，所以，必须做好利润分配工作，正确进行利润分配核算。

（一）利润分配的顺序

按照《中华人民共和国公司法》（以下简称《公司法》）的有关规定，企业当年实现的净利润应首先弥补以前年度尚未弥补的亏损，仍有剩余再按照下列顺序进行分配。

1. 提取法定盈余公积

法定盈余公积金是指《公司法》规定的企业应按照本年实现净利润的一定比例提取的公积金，股份制企业按照本年净利润的10%提取；其他企业根据需要来确定提取比例，但是提取比例不能低于10%。如果法定盈余公积金累计额超过了企业注册资本的50%，可以不再提取。

2. 提取任意盈余公积

企业按照净利润的一定比例提取法定盈余公积金后,经股东大会决议,可以提取任意盈余公积金,任意盈余公积金的提取比例视企业情况而定。

3. 向投资者分配利润

企业提取盈余公积金后,可以按照规定向投资者分配利润。

(二) 设置的主要账户

1. "利润分配"账户

"利润分配"账户是所有者权益类账户,用来核算企业净利润的分配或净亏损的弥补,以及以前结存的未分配利润(或未弥补亏损)情况。其贷方登记年末从"本年利润"账户转入的全年实现的净利润,以及用盈余公积弥补的亏损额;借方登记年末从"本年利润"账户转入的全年累计亏损额,以及实际分配的利润。企业按国家规定提取盈余公积金、向股东分配利润等,也都是通过本账户的借方核算。年末余额如果在贷方,表示企业尚未分配的利润;年末余额如果在借方,表示企业有尚未弥补的亏损。该账户可按照各分配项目设置明细账,进行明细分类核算。

2. "盈余公积"账户

"盈余公积"账户属于所有者权益类账户,用来核算企业从净利润中提取的盈余公积金增减变动和结存情况,包括法定盈余公积和任意盈余公积。其贷方登记从税后利润中提取的盈余公积增加数,借方登记盈余公积的减少数;期末余额在贷方,表示期末盈余公积金的结余额。

3. "应付股利"账户

"应付股利"账户属于负债类账户,用来核算企业向投资者分配的现金股利或利润。其贷方登记应付而未付给投资者的现金股利或利润,借方登记实际支付的或现金股利或利润;期末余额在贷方,表示企业尚未支付给投资者的现金股利或利润。该账户应按照投资人设置明细账,进行明细分类核算。

(三) 业务举例

【例 4-32】年末,结转 A 企业本年实现的净利润 82 500 元。

【分析】这笔转账业务,就是将本年实现的净利润 82 500 元,从"本年利润"账户反方向转入"利润分配——未分配利润"账户的贷方。其编制的会计分录为:

借:本年利润   82 500
　　贷:利润分配——未分配利润   82 500

【例 4-33】A 企业经过股东大会批准,按当年税后利润的 10% 提取法定盈余公积。

【分析】根据上述资料可知:应提取的盈余公积 = 82 500 × 10% = 8 250(元)。这笔业务的发生,一方面使企业分配的利润增加了 8 250 元,应记入"利润分配——提取盈余公积"账户的借方;另一方面使企业的盈余公积增加了 8 250 元,应记入"盈余公积"账户的贷方。其应编制的会计分录为:

借:利润分配——提取法定盈余公积   8 250

贷：盈余公积——法定盈余公积　　　　　　8 250

【例4-34】A企业经董事会批准，向投资者分配现金股利30 000元。

【分析】这笔业务的发生，一方面使企业的应付利润增加了30 000元，应记入"利润分配——应付现金股利"账户的借方；另一方面使企业应付而未付的现金股利增加了30 000元，应记入"应付股利"账户的贷方。其编制的会计分录为：

借：利润分配——应付现金股利　　　　30 000
　　贷：应付股利　　　　　　　　　　　　　　30 000

【例4-35】结转本年已分配的利润。

【分析】这笔转账业务，就是将提取的盈余公积8 250元和向投资者分配的现金股利30 000元分别从"利润分配——提取法定盈余公积"和"利润分配——应付现金股利"账户反方向转入"利润分配——未分配利润"账户的借方。其应编制的会计分录为：

借：利润分配——未分配利润　　　　　38 250
　　贷：利润分配——提取法定盈余公积　　　　8 250
　　　　　　　　——应付现金股利　　　　　　30 000

根据【例4-32】至【例4-35】可知，A企业当年年末剩余的未分配的利润为：82 500-38 250=44 250（元）。

本章小结

由于制造业企业的生产经营过程复杂，经营环节较多，经营资金变化较大，因此以其为例，从企业全部经济业务核算的角度，包括资金筹集业务、材料采购业务、产品生产业务、销售过程业务，以及利润形成与利润分配业务等，对各环节业务核算中涉及的账户，各账户的不同性质、用途和结构，以及每部分业务核算中各账户之间形成的应借、应贷的对应关系进行了较为系统的阐述。

资金筹集是企业生产经营活动的起点，资金筹集的渠道是投资者投入资本和借入资本，其核算的内容也是围绕这两方面进行的；供应过程是企业为生产产品而必须做好的前期准备工作，本书中主要讲述了材料采购业务，主要包括材料采购成本的计算、材料的验收入库以及支付货款等；产品生产过程是企业生产经营过程的中心环节，是生产费用和期间费用的发生过程，其核算的主要业务是生产费用的归集与分配，产品成本的计算、归集、分配和结转等；销售过程是企业生产经营活动的最后环节，是产品销售收入和其他销售收入实现的过程，同时也是计算销售税金，结转已销产品成本和其他销售成本、销售费用的发生过程；利润形成与分配是企业生产经营活动的经营成果计算与分配阶段。

企业的利润包括营业利润、利润总额和净利润。企业当期实现的利润总额，应依法交纳企业所得税，税后利润即为净利润，净利润需按照一定的顺序进行利润分配，当期剩余的部分即为留待以后分配的未分配利润。

本章练习题

一、单项选择题

1. 企业要进行经营必须有一定的"本钱",这实际上是指（　　）。
   A. 资本公积　　　　　　　　B. 盈余公积
   C. 实收资本　　　　　　　　D. 各种债务

2. 企业购进材料发生的运杂费等采购费用,应记入（　　）。
   A. 管理费用　　　　　　　　B. 财务费用
   C. 材料采购成本　　　　　　D. 材料买价

3. 下列费用中,不应记入产品成本的是（　　）。
   A. 直接材料费　　　　　　　B. 直接人工费
   C. 期间费用　　　　　　　　D. 制造费用

4. 核算车间管理人员工资薪酬的账户为（　　）。
   A. "生产成本"账户　　　　　B. "制造费用"账户
   C. "管理费用"账户　　　　　D. "销售费用"账户

5. "生产成本"账户期末借方余额表示（　　）。
   A. 完工产品成本　　　　　　B. 期末未完工产品的成本
   C. 库存产成品成本　　　　　D. 本月生产费用合计

6. 下列各项中,体现"管理费用"账户特点的是（　　）。
   A. 期末无余额　　　　　　　B. 期末有借方余额
   C. 期末有贷方余额　　　　　D. 期末同时有借方、贷方余额

7. 下列收入中,属于主营业务收入的是（　　）。
   A. 产品销售收入　　　　　　B. 非工业性劳务收入
   C. 出售包装物及出租业务收入　D. 销售企业多余材料的收入

8. "税金及附加"账户核算的内容不包括（　　）。
   A. 资源税　　　　　　　　　B. 消费税
   C. 教育费附加　　　　　　　D. 增值税

9. 企业生产的产品完工后,应将其生产成本转入（　　）。
   A. 营业外支出　　　　　　　B. 库存商品
   C. 本年利润　　　　　　　　D. 主营业务成本

10. 下列项目中,属于营业外支出的是（　　）
    A. 无法收回的应收账款　　　B. 支付的广告费
    C. 对外捐赠　　　　　　　　D. 销售多余材料的成本

11. 企业计算应交所得税时,应借记的科目是（　　）。

A. "利润分配"科目 B. "所得税费用"科目
C. "应交税费"科目 D. "税金及附加"科目

12. 所得税费用期末应转入（ ）账户的借方。
A. "主营业务收入" B. "本年利润"
C. "利润分配" D. "营业外收入"

13. 企业年终结账后，应无余额的账户为（ ）。
A. "利润分配"账户 B. "本年利润"账户
C. "盈余公积"账户 D. "应交税费"账户

14. 企业从净利润中提取法定盈余公积和任意盈余公积时，应通过（ ）账户核算。
A. "公积金" B. "公益金"
C. "盈余公积" D. "应付股利"

15. 下列项目中，不属于销售费用的是（ ）。
A. 产品包装费 B. 材料运杂费
C. 广告费 D. 展览费

二、多项选择题

1. 下列各项中，构成外购存货入账价值的有（ ）。
A. 买价 B. 运杂费
C. 运输途中的合理损耗 D. 入库前挑选整理费

2. 企业结转生产完工验收入库的生产成本时，编制会计分录涉及的账户有（ ）。
A. "生产成本"账户 B. "制造费用"账户
C. "主营业务成本"账户 D. "库存商品"账户

3. 销售产品时，与"主营业务收入"账户发生对应关系的账户有（ ）。
A. "银行存款"账户 B. "应收账款"账户
C. "预收账款"账户 D. "预付账款"账户

4. 借方登记减少发生额的账户有（ ）。
A. "短期借款"账户 B. "累计折旧"账户
C. "销售费用"账户 D. "主营业务收入"账户

5. 管理费用包括的内容有（ ）。
A. 利息费用 B. 厂部办公费用
C. 广告费 D. 厂部固定资产折旧费

6. 属于营业利润构成要素的项目有（ ）。
A. 主营业务收入 B. 其他业务收入
C. 营业外收入 D. 所得税费用

7. 下列损益类账户中，期末应将其余额转入"本年利润"账户贷方的有（ ）。
A. "主营业务收入"账户 B. "销售费用"账户

C. "其他业务收入"账户　　D. "营业外收入"账户

8. 计提固定资产折旧可能涉及的账户包括（　　）。

A. "固定资产"账户　　　B. "累计折旧"账户

C. "管理费用"账户　　　D. "制造费用"账户

9. 期末，应结转到"本年利润"账户借方的账户有（　　）。

A. "主营业务收入"账户　B. "主营业务成本"账户

C. "所得税费用"账户　　D. "销售费用"账户

10. 下列各项中，构成工业企业主要经济业务的有（　　）。

A. 资金筹集业务　　　　B. 材料采购业务

C. 产品生产业务　　　　D. 销售业务

三、判断题

1. 为便于计算和反映固定资产的账面净值，固定资产因磨损而减少的价值应记入"固定资产"账户的贷方。（　　）

2. 制造费用是指直接用于产品生产，但不便于记入产品成本，因而没有专设成本项目的费用。（　　）

3. 2020年9月30日，"本年利润"账户的贷方余额1 000 000元，表示9月份实现的利润总额。（　　）

4. 企业本期预收的销货款，属于企业本期的收入。（　　）

5. 行政管理部门领用的原材料，应记入"制造费用"账户的借方。（　　）

6. "生产成本"账户期末如有借方余额，表示尚未加工完成的各项在产品成本。（　　）

7. 企业职工工资都应记入产品生产成本。（　　）

8. 企业若没有设置"预付账款"账户，当发生预付账款业务时，应通过"应付账款"账户进行核算。（　　）

9. 管理费用的发生额会直接影响产品成本和当期利润总额。（　　）

10. 一般纳税企业购买材料时支付的增值税不计入材料的采购成本。（　　）

11. 由于损益类账户期末余额需全额转入"本年利润"账户，因此，损益类账户期末无余额。（　　）

12. 财务费用是一种期间费用，按月归集，月末全部转入"本年利润"账户。（　　）

13. 企业的经营成果可能表现为负数。（　　）

14. "生产成本"账户若有余额，应在借方，反映期末自制半成品的实际生产成本。（　　）

15. 年度终了，"利润分配"账户所属的各明细账户中，除"未分配利润"明细账户可能有余额外，其他明细账户均无余额。（　　）

四、计算分录题

资料：宏信公司2020年12月份发生下列经济业务：

（1）2 日，收到山海公司作为投资投入的新设备一台，该设备所确定的 50 000 元价值全部确认为实收资本。

（2）3 日，企业从银行取得期限为 6 个月的短期借款 300 000 元，年利率为 6%。款项存入银行。

（3）4 日，从中星公司购进甲材料 15 000 千克，每千克 30 元；乙材料 8 500 千克，每千克 20 元，甲、乙材料价款共计 620 000 元，增值税进项税额 80 600 元。材料尚未到达企业，货款及税金已用银行存款支付。

（4）6 日，企业收到海河工厂发运的丙材料，已经验收入库。该批材料的买价为 100 000 元，运杂费为 2 500 元，增值税进项税额为 13 000 元，货款尚未支付。

（5）9 日，收到从中星公司购进的甲、乙材料，材料已验收入库。

（6）12 日，生产车间从材料仓库领用甲材料 55 000 元，其中 A 产品生产领用 40 000 元，车间一般耗用 10 000 元，管理部门领用 5 000 元。

（7）15 日，开出转账支票从银行支付水电费 5 000 元，其中，车间 3 000 元，行政部门 2 000 元。

（8）16 日，用银行存款偿还前欠海河工厂材料款 115 500 元。

（9）17 日，杨乐到外省参加行政会议，预借差旅费 3 000 元，以现金付讫。

（10）18 日，向名胜企业销售 A 产品 500 件，每件单价 1 000 元，销售价格为 500 000 元，开出一张增值税专用发票，注明增值税销项税额为 65 000 元，价税合计 565 000 元。货已发出，货款收到并送存开户银行。

（11）20 日，杨乐出差归来报账，费用单据 2 500 元准予报销，余款 500 元现金交回。

（12）25 日，企业应付账款中有一项 5 000 元确实无法支付，转作营业外收入。

（13）28 日，用银行存款支付广告费 5 000 元。

（14）29 日，向商贸企业出售 A 产品 200 件，开出一张增值税专用发票注明销售单价为 1 000 元/件，价款为 200 000 元，增值税销项税额为 26 000 元，价税合计 226 000 元。商品已发出，货款尚未收到。

（15）月末，汇总并结转本月已出售 A 产品的销售成本 300 000 元。

（16）按照税法规定，企业计算并结转本月应缴纳的城市维护建设税 700 元，教育费附加 300 元。

（17）月末，计算并分配本月应计提的职工工资 100 000 元。其中，生产车间工人工资 50 000 元，车间管理人员工 30 000 元，厂部管理人员工资 20 000 元。

（18）月末，计提本月固定资产折旧 4 500 元，其中，车间用固定资产折旧 3 500 元，公司管理用固定资产折旧 1 000 元。

（19）月末，汇总本月发生的制造费用 46 500 元，将制造费用转入"生产成本"账户。

（20）月末，计算并结转已完工验收入库的产成品的生产成本，根据"完工产品成本计算表"得知，A 产品生产成本为 136 500 元。

（21）月末，计提本月利息费用 1 000 元。

（22）月末，结转本月利润，将收入类账户和费用类账户本期发生额结转到本年利润。

（23）汇算清缴本年应纳所得税额，企业所得税税率为25%。

（24）按当年税后利润的10%提取法定盈余公积。

（25）经董事会决定或股东大会等权力机构批准，向投资者分配利润20 000元。

要求：根据上述经济业务编制会计分录。

巩固练习

一、单项选择题

1. 下列费用中，可以直接记入产品生产成本的是（　　）。
  A. 生产工人的工资
  B. 福利人员的工资
  C. 退休人员的生活费
  D. 厂部管理人员的工资

2. 下列项目中，不属于产品成本项目的是（　　）。
  A. 直接材料
  B. 制造费用
  C. 直接人工
  D. 管理费用

3. 某企业2月6日以银行存款预付第二季度办公室租金10 000元，则2月6日应编制的会计分录为（　　）。
  A. 借：管理费用　　　　　10 000
        贷：银行存款　　　　　10 000
  B. 借：预收款项　　　　　10 000
        贷：银行存款　　　　　10 000
  C. 借：预付账款　　　　　10 000
        贷：银行存款　　　　　10 000
  D. 借：销售费用　　　　　10 000
        贷：银行存款　　　　　10 000

4. 在设置"材料采购"账户的企业，购进材料，材料未到，其价款和税款通过银行支付，应编制的会计分录是（　　）。
  A. 借：材料采购
        应交税费——应交增值税
        贷：银行存款
  B. 借：原材料
        应交税费——应交增值税
        贷：银行存款
  C. 借：材料采购
        贷：银行存款
  D. 借：原材料
        贷：银行存款

5. 预提短期借款利息支出时，应贷记的科目是（   ）。

   A. "短期借款"科目

   B. "财务费用"科目

   C. "应付利息"科目

   D. "银行存款"科目

6. 下列经济业务中，会引起资产和负债同时增加的是（   ）。

   A. 以银行存款偿还银行借款

   B. 收回应收账款存入银行

   C. 购进材料一批，货款未付

   D. 以银行借款偿还应付账款

7. 年末结转后，"利润分配"账户的贷方余额表示（   ）。

   A. 利润的来源

   B. 利润分配额

   C. 未分配利润

   D. 未弥补亏损

8. 甲公司收到投资者投入的一项专利权，账面原价为 10 000 元，已摊销 2 000 元，双方确认价为 6 000 元。则甲公司应借记"无形资产"（   ）元。

   A. 10 000

   B. 8 000

   C. 6 000

   D. 4 000

二、多项选择题

1. 某工业企业采购甲、乙两种材料，下列采购支出属于直接费用的有（   ）。

   A. 两种材料的运费

   B. 甲材料的买价

   C. 两种材料的装卸费

   D. 乙材料的买价

   E. 乙材料的包装费

2. 下列经济业务中，会引起会计等式左右两边会计要素发生增减变动的有（   ）。

   A. 以银行存款偿还前欠货款

   B. 将资本公积转增资本

   C. 向银行借款，存入银行

   D. 投资者追加对本企业的投资

   E. 销售商品，收到价款

3. 下列项目中，构成材料采购成本的有（   ）。

   A. 材料买价

   B. 材料运杂费、包装费

C. 运输途中的合理损耗

D. 入库前支付的挑选整理费

E. 采购人员的工资

4. 本期生产的产品可能（　　）。

A. 销售，最终成为主营业务成本

B. 未销售，成为库存商品

C. 成为费用

D. 成为资产

E. 成为负债

5. 本期形成的利润和以前期间结存的利润可能（　　）。

A. 分配，成为应付股利

B. 留存，形成盈余公积

C. 留存，形成未分配利润

D. 成为负债

E. 成为所有者权益

三、判断题

1. 预收款项业务不多的企业，可将预收款项并入"应收账款"科目核算。　（　　）
2. 企业因构建固定资产而发生的长期借款利息支出均计入有关固定资产的购建成本。
　　　　　　　　　　　　　　　　　　　　　　　　　　　　　　　　　　（　　）
3. 一定时期发生的生产费用与计入产品的生产成本是相等的。　　　　　　（　　）
4. 利润总额由营业利润和营业外收支净额组成。　　　　　　　　　　　　（　　）
5. 净利润是利润总额减去所得税费用的结果。　　　　　　　　　　　　　（　　）

四、计算分录题

（一）某企业生产 A、B 两种产品。

A 产品期初在产品成本为 1 400 元，本月发生材料费用 36 000 元，生产工人工资 50 000 元，福利费 7 000 元，月末在产品成本为 1 000 元，A 产品本月完工 400 件；B 产品期初在产品成本为 1 600 元，本月发生材料费用 31 200 元，生产工人工资 40 000 元，福利费 5 600 元，月末无在产品，完工产量为 300 件。本月共发生制造费用 4 500 元。

要求：

（1）计算 A、B 完工产品的总成本和单位成本，制造费用按生产工人工资比例分配。

（2）编制分配制造费用和完工产品入库的会计分录。

（二）资料：东方工厂 6 月份甲材料购入和领用情况如下：

（1）1 日，甲材料期初余额 500 吨，单价 10 元/吨。

（2）2 日，领用 300 吨。

（3）5 日，购进 1 000 吨，单价 12 元/吨。

(4) 10 日，领用 800 吨。

(5) 20 日，购进 700 吨，单价 14 元/吨。

(6) 23 日，领用 800 吨。

要求：

根据资料，用先进先出法和加权平均法分别计算本月发出甲材料和期末结存甲材料的成本。

(三) 某企业 2017 年度各账户期末余额如表 4-1 所示。

表 4-1　某企业 2017 年度各账户期末余额　　　　　　　　单位：元

账户	借方金额	贷方金额
主营业务收入		4 500 000
其他业务收入		375 000
营业外收入		150 000
投资收益	45 000	345 000
税金及附加	75 000	
主营业务成本	2 400 000	
销售费用	90 000	
其他业务成本	225 000	
管理费用	75 000	
财务费用	30 000	
营业外支出	180 000	

要求：

(1) 根据上述资料，计算企业 2017 年度实现的主营业务利润数额、其他业务利润数额、营业利润数额和利润总额。

(2) 编制结转损益的会计分录。

(四) ABC 公司 6 月发生下列经济业务：

(1) 从银行取得借款 300 000 元，存入存款账户。

(2) 甲产品 200 件完工入库，单位成本为 58 元/件。

(3) 以银行存款 1 000 元支付罚款。

(4) 以银行存款支付银行贷款手续费 200 元。

(5) 以转账支票支付前欠 A 公司材料采购款 32 000 元。

(6) 计算分配公司本月职工工资，其中，生产工人工资 60 000 元，车间管理人员工资 5 000 元，厂部管理人员工资 30 000 元，专设销售机构人员工资 4 000 元。

(7) 从银行提取现金 100 000 元，然后将其中 99 000 元用于发放职工工资。

(8) 在财产清查中发现账外新设备一台，估计价值 30 000 元。

(9) 以转账支票预付明年上半年财产保险费 1 200 元。

(10) 职工李明报销医药费 260 元，以现金付讫。
(11) 预提本月银行借款利息 3 200 元。
(12) 以银行存款偿还银行借款 100 000 元。
(13) 以现金支付业务招待费 380 元。
(14) 以银行存款 35 000 元购入生产设备一台。
(15) 以银行存款缴纳企业所得税 8 000 元。

要求：

(1) 根据上述经济业务编制会计分录。
(2) 根据上述资料编制账户发生额试算平衡表，填入表 4-2。

表 4-2　账户发生额试算平衡表　　　　　　　　单位：元

会计科目	本期发生额	
	借方	贷方
库存现金		
银行存款		
库存商品		
预付款项		
固定资产		
累计折旧		
应付账款		
应付职工薪酬		
应交税费		
待处理财产损溢		
应付利息		
短期借款		
生产成本		
管理费用		
销售费用		
财务费用		
制造费用		
营业外支出		
合计		

第五章

会计凭证

学习目标

本章阐述会计凭证的填制、审核、传递和保管问题。通过本章学习，要求理解会计凭证的作用和种类，熟悉会计凭证的基本内容和填制要求，掌握记账凭证的编制方法，了解会计凭证的传递和保管要求。

导入案例

张强从某财经大学毕业后担任众创公司财务处出纳。2018年7月11日，众创公司收到一张工商银行转账支票，是新华公司7月5日所欠货款200 000元；公司业务员张凯出差预借差旅费1 000元，张强审核"借款单"后，以现金付讫；公司业务部门经理钱芳前来领取80 000元转账支票一张。

以上业务所涉及的原始凭证有哪些？张强应当如何填制和审核这些原始凭证，并编制相关记账凭证？本章将带你寻找答案。

第一节 会计凭证概述

一、会计凭证的概念

会计凭证是记录经济业务、明确经济责任的书面证明，也是登记账簿的依据。

会计管理工作要求会计核算提供真实的会计资料，强调记录的经济业务必须有根有据。因此，任何企业、事业和行政单位，每发生一笔经济业务，都必须由执行或完成该项经济业务的有关人员取得或填制会计凭证，并在凭证上签名或盖章，以对凭证上所记载的内容负责。例如，购买商品、材料由供货方开出发票，支出款项由收款方开出收据，接收商品、材料入库要有收货单，发出商品要有发货单，发出材料要有领料单等。这些发票、收据、收货单、发货单、领料单等，都是会计凭证。

所有会计凭证都必须认真填制，同时还得经过财会部门严格审核，只有审核无误的会计凭证才能作为经济业务发生或完成的证明，才能作为登记账簿的依据。

二、会计凭证的作用

填制和审核会计凭证是会计核算方法之一，也是会计核算工作的基础。填制和审核会计凭证在经济管理中具有重要作用。

（一）为会计核算提供原始依据

任何经济业务发生都必须取得或填制会计凭证，如实地反映经济业务发生或完成情况。会计凭证上记载了经济业务发生的时间和内容，从而为会计核算提供了原始凭据，保证了会计核算的客观性与真实性，使会计信息的质量得到可靠保障。

（二）发挥会计监督作用

经济业务是否合法、合理，是否客观真实，在记账前都必须经过财会部门审核。通过审核会计凭证，可以充分发挥会计监督作用。通过检查每笔经济业务是否符合有关政策、法令、制度、计划和预算的规定，有无铺张浪费和违纪行为，可以促进各单位和经办人树立遵纪守法的观念，促使各单位建立健全各项规章制度，确保财产安全完整。

（三）加强岗位责任制

每一笔经济业务发生或完成都要填制和取得会计凭证，并由相关单位和人员在凭证上签名盖章，这样能促使经办人员严格按照规章制度办事。一旦出现问题，便于分清责任，及时采取措施，有利于岗位责任制的落实。

三、会计凭证的种类

经济业务的纷繁复杂决定了会计凭证是多种多样的。为了正确地使用和填制会计凭证，必须对会计凭证进行分类。会计凭证按照编制的程序和用途不同，可分为原始凭证和记账凭证。

（一）原始凭证

原始凭证是在经济业务发生或完成时由相关人员取得或填制的，用以记录或证明经济业务发生或完成情况并明确有关经济责任的一种原始凭证。任何经济业务发生都必须填制和取得原始凭证，原始凭证是会计核算的原始依据。

（二）记账凭证

记账凭证是财会部门根据审核无误的原始凭证进行归类、整理，记载经济业务简要内容，确定会计分录的会计凭证。记账凭证是登记会计账簿的直接依据。

第二节　原始凭证

一、原始凭证的基本内容

原始凭证是在经济业务发生或完成时由相关人员取得或填制的，用以记录或证明经济业务发生或完成情况并明确有关经济责任的一种原始凭据。原始凭证是证明经济业务发生的原始依据，具有较强的法律效力，是一种很重要的会计凭证。

企业发生的经济业务纷繁复杂，反映其具体内容的原始凭证也品种繁多。虽然原始凭证反映经济业务的内容不同，但无论哪一种原始凭证，都应该说明有关经济业务的执行和完成情况，都应该明确有关经办人员和经办单位的经济责任。因此，各种原始凭证，尽管名称和格式不同，但都应该具备一些共同的基本内容。这些基本内容就是每一张原始凭证所应具备的要素。原始凭证必须具备以下基本内容：①原始凭证的名称；②填制原始凭证的日期和凭证编号；③接受凭证的单位名称；④经济业务内容，如品名、数量、单价、金额大小写；⑤填制原始凭证的单位名称和填制人姓名；⑥经办人员的签名或盖章。

有些原始凭证，不仅要满足会计工作的需要，还应满足其他管理工作的需要。因此，在有些凭证上，除具备上述内容外，还应具备其他一些项目，如与业务有关的经济合同、结算方式、费用预算等，以更加完整、清晰地反映经济业务。

在实际工作中，各单位根据会计核算和管理的需要，可自行设计印制适合本单位需要的各种原始凭证。但是，对于在一个地区范围内经常发生的大量同类型经济业务，应由各主管部门统一设计印制原始凭证，如由银行统一印制的银行汇票、转账支票和现金支票等，由铁路部门统一印制的火车票，由税务部门统一印制的有税务登记的发票，由财政部门统一印制的收款收据等。这样，不但可以使原始凭证的内容与格式统一，也便于加强监督管理。

二、原始凭证的种类

纷繁复杂的经济业务导致原始凭证的品种繁多，为了更好地认识和利用原始凭证，必须按照一定标准对原始凭证进行分类。原始凭证按照不同的分类标准，可以分为不同的种类。

（一）原始凭证按其来源不同分类

原始凭证按其来源不同分类，可以分为外来原始凭证和自制原始凭证两种。

外来原始凭证是在经济业务活动发生或完成时，从其他单位或个人直接取得的原始凭证。增值税专用发票、非增值税及小规模纳税人的发票、铁路运输部门的火车票、由银行转来的结算凭证、对外支付款项时取得的收据等，都是外来原始凭证。以增值税专用发票为例，其格式如表 5-1 所示。

表 5-1 增值税专用发票（样本）（一式三联）

购买方	名称：				密码区				
	纳税人识别号：								
	地址、电话：								
	开户行及账号：								
货物或应税劳务、服务名称				规格型号	单位	数量	单价	金额	税率	税额
合计										
价税合计（大写）						（小写）：				
销货方	名称：				备注				
	纳税人识别号：								
	地址、电话：								
	开户行及账号：								

收款人： 　　　复核： 　　　开票人： 　　　销售方：

　　自制原始凭证是指本单位内部具体经办业务的部门和人员，在执行或完成某项经济业务时所填制的原始凭证，如"收料单""领料单""销货发票""产品入库单""工资结算表"等。以"收料单"为例，其格式如表 5-2 所示。

表 5-2 收料单

供货单位：　　　　　　　　　　　　　　　凭证编号：
发票编号：　　　　　20××年×月×日　　　收料仓库：

材料类别	材料编号	材料名称及规格	计量单位	数量		金额（元）			
				应收	实收	单价	买价	运杂费	合计
备注：						合计			

仓管员：　　　　　　　　　　　　　　　收料人：

（二）原始凭证按其填制方法不同分类

　　原始凭证按其填制方法不同分类，可以分为一次凭证、累计凭证和汇总凭证三种。
　　一次凭证是指一次填制完成的原始凭证。它反映一笔经济业务或同时反映若干同类经济业务的内容。外来原始凭证一般均属一次凭证，自制原始凭证中大多数也是一次凭证。日常的原始凭证多属此类，如"现金收据""发货票""领料单"等。一次凭证能够清晰地反映经济业务活动情况，使用方便灵活，但数量较多。以"领料单"为例，其格式如表 5-3 所示。

表 5-3 领料单

领料单位：　　　　　　　　　　　　　　　　　　凭证编号：
用途：　　　　　　20××年×月×日　　　　　发料仓库：

材料类别	材料编号	材料名称	计量单位	数量	单价	金额
备注：			合计			

记账：　　　　　　发料：　　　　　　领料部门主管：　　　　　　领料：

累计凭证，是指在一张凭证上连续登记一定时期内不断重复发生的若干同类经济业务，直到期末才能填制完毕的原始凭证。累计凭证可以连续登记相同性质的经济业务，随时计算出累计数及结余数，期末按实际发生额记账，如"费用限额卡""限额领料单"等。以"限额领料单"为例，其格式如表 5-4 所示。

表 5-4 限额领料单

领料单位：　　　　　　　　　　　　　　　　　　材料类型：
用途：　　　　　　20××年×月×日　　　　　发料仓库：

材料编号	材料名称	规格	计量单位	单位	领用限额	全月领用	
						数量	金额
领用日期	请领数量	实发数量	领料人签章	发料人签章		限额结余	
合计							

供应部门负责人：　　　　　生产部门负责人：　　　　　仓库管理员：

汇总凭证，也叫原始凭证汇总表，是根据许多同类经济业务的原始凭证或会计核算资料定期加以汇总而重新编制的原始凭证，如"发出材料汇总表""差旅费报销单"等。汇总凭证既可以提供经营管理所需要的总量指标，又可以大大简化核算手续。以"发出材料汇总表"为例，其格式如表 5-5 所示。

表 5-5 发出材料汇总表

　　　　　　　　　　　　　　　20××年×月×日　　　　　　　　　　　　　　单位：

会计科目		领料部门	原材料	燃料	合计
生产成本	基本生产				
	辅助生产				
制造费用					
合计					

会计负责人：　　　　　　　　　　复核：　　　　　　　　　　制表：

（三）原始凭证按用途不同分类

原始凭证按其用途不同分类，可以分为通知凭证、执行凭证和计算凭证三种。

通知凭证是指要求、指示或命令企业进行某项经济业务的原始凭证，如"罚款通知书""付款通知单"等。

执行凭证是用来证明某项经济业务发生或已经完成的原始凭证，如"销货发票""材料验收单""领料单"等。

计算凭证是指根据原始凭证和有关会计核算资料而编制的原始凭证。计算凭证一般是为了便于以后记账和了解各项数据来源和产生情况而编制的，如"制造费用分配表""产品成本计算单""工资结算表"等。

（四）原始凭证按其格式不同分类

原始凭证按其格式不同分类，可以分为通用凭证和专用凭证两种。

通用凭证是指全国或某一地区、某一部门统一格式的原始凭证，如由银行统一印制的结算凭证、由税务部门统一印制的发票等。

专用凭证是指一些单位具有特定内容、格式和专门用途的原始凭证，如高速公路通过费收据、养路费缴款单等。

以上是按不同的标准对原始凭证进行的分类。它们之间是相互依存、密切联系的，有些原始凭证按照不同的分类标准分别属于不同的种类。如现金收据对出具收据的单位来说是自制原始凭证，对接收收据的单位来说则是外来原始凭证；同时，它既是一次凭证，又是执行凭证，也是专用凭证。

三、原始凭证的填制

填制原始凭证，要由填制人员将各项原始凭证要素按规定方法填写齐全，办妥签章手续，明确经济责任。

由于各种凭证的内容和格式千差万别，因此，原始凭证的具体填制方法也不同。一般来说，自制原始凭证通常有三种形式：一是根据经济业务的执行和完成的实际情况直接填列，如根据实际领用的材料品名和数量填制领料单等；二是根据账簿记录对某项经济业务进行加工整理填列，如月末计算产品成本时，先要根据"制造费用"账户本月借方发生额填制"制造费用分配表"，将本月发生的制造费用按照一定的分配标准分配到有关产品成本中去，然后再计算出某种产品的生产成本；三是根据若干张反映同类业务的原始凭证定期汇总填列，如发出材料汇总表。外来原始凭证是由其他单位或个人填制的，它同自制原始凭证一样，也要具备能证明经济业务完成情况和明确经济责任所必需的内容。

原始凭证是具有法律效力的证明文件，是进行会计核算的依据，必须认真填制。为了保证原始凭证能清晰地反映各项经济业务的真实情况，原始凭证的填制必须符合以下要求：

1. 记录要真实

原始凭证上填制的日期、经济业务内容和数字必须是经济业务发生或完成的实际情况，不得弄虚作假，不得以匡算数或估计数填入，不得涂改、挖补。

2. 内容要完整

原始凭证中应该填写的项目要逐项填写，不可缺漏；名称要写全，不要简化；品名和用途要填写明确，不能含糊不清；有关部门和人员的签名和盖章必须齐全。

3. 手续要完备

单位自制的原始凭证必须由经办业务的部门和人员签名盖章；对外开出的凭证必须加盖本单位的公章或财务专用章；从外部取得的原始凭证必须有填制单位公章或财务专用章。总之，取得的原始凭证必须符合手续完备的要求，以明确经济责任，确保凭证的合法性、真实性。

4. 填制要及时

所有业务的有关部门和人员，在经济业务实际发生或完成时，必须及时填写原始凭证，做到不拖延、不积压，不事后补填，并按规定的程序审核。

5. 编号要连续

原始凭证要顺序连续或分类编号，在填制时要按照编号的顺序使用，跳号的凭证要加盖"作废"戳记，连同存根一起保管，不得撕毁。

6. 书写要规范

原始凭证中的文字、数字的书写都要清晰、工整、规范，做到字迹端正、易于辨认，不草、不乱、不造字；大小写金额要一致；复写的凭证要不串行、不串格、不模糊；一式几联的原始凭证，应当注明各联的用途。数字和货币符号的书写要符合下列要求：

（1）数字要一个一个地写，不得连笔写。特别是在要连写几个"0"时，也一定要单个写，不能将几个"0"连在一起一笔写完。数字排列要整齐，数字之间的空隙要均匀，不宜过大。此外，阿拉伯数字的书写还应有高度的标准，一般要求数字的高度占凭证横格的 $1/2$ 为宜。书写时，还要注意紧靠横格底线，使上方能有一定的空位，以便需要进行更正时可以再次书写。

（2）阿拉伯数字前面应该书写货币币种或者货币名称简写和币种符号。币种符号与阿拉伯数字之间不得留有空白。凡阿拉伯金额数字前写有货币币种符号的，数字后面不再写货币单位。所有以元为单位（其他货币种类为货币基本单位，下同）的阿拉伯数字，除表示单价等情况外，一律填写到角分；无角分的，角位和分位写"00"或者符号"—"；有角无分的，分位应当写"0"，不得用符号"—"代替。在发货票等须填写大写金额数字的原始凭证上，如果大写金额数字前未印有货币名称，应当加填货币名称，然后在其后紧接着填写大写金额数字，货币名称和金额数字之间不得留有空白。

（3）汉字填写金额如零、壹、贰、叁、肆、伍、陆、柒、玖、拾、佰、仟、万、亿等，应一律用正楷或行书体填写，不得用〇和一、二、三、四、五、六、七、八、九、十等简化字代替。不得任意自造简化字。大写金额数字到元或角为止的，在"元"或"角"之后应当写"整"或"正"字。阿拉伯金额数字之间有"0"时，汉字大写金额应写"零"字；阿拉伯金额数字中间连续有几个"0"时，大写金额中可以只有一个"零"字；阿拉伯金额数字元位为"0"或者数字中间连续有几个"0"，元位也是"0"，但角位不是"0"时，汉字大写金额可以只写一个"零"字，也可以不写"零"字。

四、原始凭证的审核

为了正确反映和监督各项经济业务，财务部门对取得的原始凭证，必须进行严格审核和核对，以保证核算资料的真实、合法、完整。只有经过审查无误的凭证，方可作为编制记账凭证和登记账簿的依据。原始凭证的审核，是会计监督工作的一个重要环节，一般应从以下两方面进行：

1. 审查原始凭证所反映经济业务的合理性、合法性和真实性

这种审查是以有关政策、法规、制度和计划合同等为依据，审查凭证所记录的经济业务是否符合有关规定，有无贪污盗窃、虚报冒领、伪造凭证等违法乱纪现象，有无不讲经济效益、违反计划和标准的情况等。对于不合理、不合法、不真实的原始凭证，财会人员应拒绝受理。如发现伪造或涂改凭证和弄虚作假、虚报冒领等不法行为，除拒绝办理外，还应立即报告有关部门，提请严肃处理。

2. 审核原始凭证的填制是否符合规定的要求

首先审查所用的凭证格式是否符合规定，凭证的要素是否齐全，是否有经办单位和经办人员签章；其次审查凭证上的数字是否完整，大、小写是否一致；最后审查凭证上数字和文字是否有涂改、污损等不符合规定之处。如果通过审查，发现凭证不符合上述要求，那么凭证本身就失去作为记账依据的资格，会计部门应把那些不符合规定的凭证退还给原编制凭证的单位或个人，要求重新补办手续。

原始凭证的审核，是一项很细致且十分严肃的工作。要做好原始凭证的审核，充分发挥会计监督的作用，会计人员应做到精通会计业务，熟悉有关政策、法令和各项财务规章制度，对本单位的生产经营活动有深入的了解；同时还要求会计人员具有维护国家法令、制度和本单位财务管理的高度责任感，敢于坚持原则。只有这样，才能在审核原始凭证时正确掌握标准，及时发现问题。

经过审核后，对于符合要求的原始凭证，应及时编制记账凭证并登记账簿；对于手续不完备、内容记载不全或数字计算不正确的原始凭证，应退回有关经办部门或人员补办手续或更正；对于伪造、涂改或经济业务不合法的凭证，应拒绝受理，并向本单位领导汇报，提出拒绝执行的意见；对于弄虚作假、营私舞弊、伪造涂改凭证等违法乱纪行为，必须及时揭露并严肃处理。

第三节 记账凭证

一、记账凭证的基本内容

记账凭证是会计人员根据审核后的原始凭证进行归类、整理，并确定会计分录而编制的会计凭证，是登记账簿的依据。由于原始凭证只表明经济业务的内容，而且种类繁多、数量

庞大、格式不一，因而不能直接记账。为了做到分类反映经济业务的内容，必须按会计核算方法的要求，将其归类、整理，编制记账凭证，标明经济业务应记入的账户名称及应借应贷的金额，作为记账的直接依据。所以，记账凭证必须具备以下内容：①记账凭证的名称；②填制凭证的日期、凭证编号；③经济业务的内容摘要；④经济业务应记入账户的名称、记账方向和金额；⑤所附原始凭证的张数和其他附件资料；⑥会计主管、记账、复核、出纳、制单等有关人员签名或盖章。

记账凭证和原始凭证同属于会计凭证，但二者存在以下不同：原始凭证由经办人员填制，记账凭证一律由会计人员填制；原始凭证根据发生或完成的经济业务填制，记账凭证根据审核后的原始凭证填制；原始凭证仅用以记录、证明经济业务已经发生或完成，记账凭证要依据会计科目对已经发生或完成的经济业务进行归类、整理；原始凭证是填制记账凭证的依据，记账凭证是登记账簿的依据。

二、记账凭证的种类

由于会计凭证记录和反映的经济业务多种多样，因此，记账凭证也是多种多样的。记账凭证按不同的标准，可以分为不同的种类。

（一）按用途的不同分类

记账凭证按其用途的不同，可分为专用记账凭证和通用记账凭证。

1. 专用记账凭证

专用记账凭证是专门用于记录某一类经济业务的业务凭证。专用记账凭证按其所记录的经济业务是否与库存现金和银行存款的收付有关，又可分为收款凭证、付款凭证和转账凭证。

（1）收款凭证。收款凭证是指专门用于记录现金和银行存款收款业务的会计凭证。收款凭证是出纳人员收讫款项的依据，也是登记总账、现金日记账和银行存款日记账，以及有关明细账的依据，一般按现金和银行存款分别编制。收款凭证的格式如表5-6所示。

表5-6 收款凭证

20××年×月×日　　　　　　　　　　　　　　　　　　银收字第×号
借方科目：　　　　　　　　　　　　　　　　　　　　附件：×张

摘要	贷方科目		金额	记账
	总账科目	明细科目		
合计				

会计主管：　　　记账：　　　出纳：　　　审核：　　　填制：

（2）付款凭证。付款凭证是指专门用于记录现金和银行存款付款业务的会计凭证。付款凭证是出纳人员支付款项的依据，也是登记总账、现金日记账和银行存款日记账，以及有关明细账的依据，一般按现金和银行存款分别编制。付款凭证的格式如表5-7所示。

表 5-7　付款凭证

20××年×月×日　　　　　　　　　　　　银付字第×号

贷方科目：　　　　　　　　　　　　　　附件：×张

摘要	借方科目		金额	记账
	总账科目	明细科目		
合计				

会计主管：　　　记账：　　　出纳：　　　审核：　　　填制：

（3）转账凭证。转账凭证是指专门用于记录不涉及现金和银行存款收付款业务的会计凭证。它是登记总账和有关明细账的依据。转账凭证的格式如表 5-8 所示。

表 5-8　转账凭证

20××年×月×日　　　　　　转字第×号　　　　　　　　附件：×张

摘要	会计科目		金额		记账
	总账科目	明细科目	借方	贷方	
合计					

会计主管：　　　记账：　　　审核：　　　填制：

2. 通用记账凭证

通用记账凭证不分收款、付款、转账业务，而是全部业务均采用统一格式的一种记账凭证，其格式如表 5-9 所示。经济业务比较简单的企业，可以使用通用记账凭证。

表 5-9　记账凭证

20××年×月×日　　　　　　记字第×号　　　　　　　　附件：×张

摘要	会计科目		金额		记账
	总账科目	明细科目	借方	贷方	
合计					

会计主管：　　　记账：　　　审核：　　　填制：

（二）按是否经过汇总分类

记账凭证按其是否经过汇总，可分为汇总记账凭证和非汇总记账凭证两种。

1. 汇总记账凭证

汇总记账凭证是根据一定期间的若干张记账凭证按一定的方式汇总编制，据以登记总分类账的凭证。按汇总方法的不同，可分为分类汇总记账凭证和全部汇总记账凭证两种。

分类汇总记账凭证定期按现金、银行存款及转账业务进行分类汇总，也可以按科目进行汇总。如可以将一定时期的收款凭证、付款凭证、转账凭证分别汇总，编制汇总收款凭证、汇总付款凭证、汇总转账凭证。

全部汇总记账凭证是指将单位一定时期内编制的会计分录，全部汇总在一张记账凭证上，按相同会计科目的借方和贷方分别汇总，编制记账凭证汇总表（或称科目汇总表）。

2. 非汇总记账凭证

非汇总记账凭证是指没有经过汇总的记账凭证，上述收款凭证、付款凭证、转账凭证等都是非汇总记账凭证。

三、记账凭证的填制

（一）记账凭证的填制要求

填制记账凭证是一项重要的会计工作，为了便于登记账簿，保证账簿记录的正确性，填制记账凭证应符合以下要求：

1. 依据真实

除结账和更正错误外，记账凭证应根据审核无误的原始凭证及有关资料填制，记账凭证必须附有原始凭证并如实填写所附原始凭证的张数。记账凭证所附原始凭证张数的计算一般应以原始凭证的自然张数为准。如果记账凭证中附有原始凭证汇总表，则应该把所附的原始凭证和原始凭证汇总表的张数一起记入附件的张数之内。但报销差旅费等零散票券，可以粘贴在一张纸上，作为一张原始凭证。一张原始凭证如果涉及几张记账凭证，可以将原始凭证附在一张主要的记账凭证后面，在该主要记账凭证摘要栏注明"本凭证附件包括××号记账凭证业务"字样，并在其他记账凭证上注明该主要记账凭证的编号或者附上该原始凭证的复印件，以便复核查阅。如果一张原始凭证所列的支出需要由两个以上的单位共同负担，应当由保存该原始凭证的单位开给其他应负担单位原始凭证分割单。原始凭证分割必须具备原始凭证的基本内容，并可作为填制记账凭证的依据，计算在所附原始凭证张数之内。

2. 内容完整

记账凭证应具备的内容都要具备，要按照记账凭证上所列项目逐一填写清楚，有关人员的签名或者盖章要齐全，不可缺漏。如有以自制的原始凭证或者原始凭证汇总表代替记账凭证使用的，也必须具备记账凭证应有的内容。金额栏数字的填写必须规范、准确，与所附原始凭证的金额应当相符。金额登记方向、数字必须正确，角分位不留空格。

3. 分类正确

填制记账凭证，要根据经济业务的内容，区别不同类型的原始凭证，正确应用会计科目和记账凭证。记账凭证可以根据每一张原始凭证填制，或者根据若干张同类原始凭证汇总填制，也可以根据原始凭证汇总表填制，但不得将不同内容或类别的原始凭证汇总填制在一张记账凭证上，会计科目要保持正确的对应关系。一般情况下，现金或银行存款的收款、付款业务，应使用收款凭证或付款凭证；不涉及现金和银行存款收付的业务，如将现金送存银行,或者从银行提取现金,应以付款业务为主,只填制付款凭证,不填制收款凭证,以避免重复记账。在一笔经济业务中,如果既涉及现金或银行存款的收、付业务,又涉及转账业务,则应分别填制收款或付款凭证和转账凭证。例如,单位职工出差归来报销差旅费并交回剩余现金时,就应根据有关原始凭证按实际报销的金额填制一张转账凭证,同时按收回的现金数额填制一张收款凭证。各种记账凭证的使用格式应相对稳定,特别是在同一会计年度内,不宜随意更换,以免引起编号、装订、保管方面的不便与混乱。

4. 日期正确

记账凭证的填制日期一般应填制记账凭证当天的日期,不能提前或拖后。按权责发生制原则计算收益、分配费用、结转成本利润等调整分录和结账分录的记账凭证,虽然需要到下月才能填制,但为了便于在当月的账内进行登记,仍应填写当月月末的日期。

5. 连续编号

为了分清会计事项处理的先后顺序,以便记账凭证与会计账簿之间的核对,确保记账凭证完整无缺,填制记账凭证时,应当对记账凭证连续编号。

记账凭证编号的方法有多种:一种是将全部记账凭证作为一类统一编号;另一种是分别按现金和银行存款收入业务、现金和银行付出业务、转账业务三类进行编号,这时记账凭证的编号应分为收字第×号、付字第×号、转字第×号;还有一种是分别按现金收入、现金支出、银行存款收入、银行存款支出和转账业务五类进行编号,这种情况下,记账凭证的编号应分为现收字第×号、现付字第×号、银收字第×号、银付字第×号和转字第×号,或者将转账业务按照具体内容再分成几类编号。各单位应当根据本单位业务繁简程度、会计人员多寡和分工情况来选择便于记账、查账、内部稽核、简单严密的编号方法。无论采用哪一种编号方法,都应该按月顺序编号,即每月都从一号编起,按自然数1、2、3、4、5……顺序编至月末,不得跳号、重号。一笔经济业务需要填制两张或两张以上记账凭证的,可以采用分数编号法进行编号。例如,有一笔经济业务需要填制三张记账凭证,凭证顺序号为6,就可以编成 $6\frac{1}{3}$、$6\frac{2}{3}$、$6\frac{3}{3}$ 号,前面的数表示凭证顺序,后面分数的分母表示该号凭证共有三张,分子表示三张凭证中的第一张、第二张、第三张。

6. 简明扼要

记账凭证的摘要栏是填写经济业务简要说明的,摘要应与原始凭证内容一致,能正确反映经济业务的主要内容,既要防止简而不明,又要防止过于烦琐。应能使阅读者通过摘要就了解该项经济业务的性质、特征,判断出会计分录的正确与否,而不需要再去翻阅原始凭证或询问有关人员。

7. 分录正确

会计分录是记账凭证中重要的组成部分,在记账凭证中,要正确编制会计分录并保持借贷平衡,就必须根据国家统一的会计制度的规定和经济业务的内容,正确使用会计科目,不得任意简化或改动。应填写会计科目的名称,或者同时填写会计科目的名称和会计科目编号,不应只填写编号,不填写会计科目名称;还应填明总账科目和明细科目,以便于登记总账和明细分类账。会计科目的对应关系要填写清楚,应先借后贷。一般填制一借一贷、一借多贷或者多借一贷的会计分录。但如果某项经济业务本身就需要编制一个多借多贷的会计分录,也可以按业务填制,以集中反映该项经济业务的全过程。填入金额数字后,要在记账凭证的合计行计算填写合计金额,因此要求记账凭证中借、贷方的金额必须相等,合计数必须计算正确。

8. 空行注销

填制记账凭证时,应按行次逐行填写,不得跳行或留有空行。填写完经济业务后,如有空行,应当在金额栏自最后一笔金额数字下的空行处至合计数上的空行处划线注销。

9. 填错更改

填制记账凭证时如果发生错误,应当重新填制。已经登记入账的记账凭证在当年内发生错误的,如果是使用的会计科目或记账凭证方向有错误,可以用红字金额填制一张与原始凭证内容相同的记账凭证,在摘要栏注明"注销某月某日某号凭证"字样,同时再用蓝字重新填制一张正确的记账凭证,在摘要栏注明"更正某月某日某号凭证"字样;如果会计科目和记账方向都没有错误,只是金额错误,可以按正确数字和错误数字之间的差额,另编制一张调整的记账凭证,调增金额用蓝数字,调减金额用红数字。发现以前年度的金额有错误时,应当用蓝字填制一张更正的记账凭证。

记账凭证中,文字、数字和货币符号的书写要求,与原始凭证相同。实行会计电算化的单位,其机制记账凭证应当符合对记账凭证的基本要求,打印出来的机制凭证上,要加盖制单人员、审核人员、记账人员和会计主管人员的印章或者签字,以明确责任。

(二) 记账凭证的填制方法

1. 收款凭证的填制

收款凭证是根据审核无误的现金和银行存款收款业务的原始凭证编制的。收款凭证左上角的"借方科目",按收款的性质填写"库存现金"或者"银行存款";日期填写的是编制凭证的日期;右上角填写编制收款凭证的顺序号;"摘要栏"简明扼要地填写经济业务的内容梗概;"贷方科目"栏内填写与收入"库存现金"或"银行存款"科目相对应的总账科目及所属明细科目;"金额"栏内填写实际收到的现金或银行存款的数额,各总账科目与所属明细科目的应贷金额,应分别填写在与总账科目或明细科目同一行的"总账科目"或"明细科目"金额栏内;"金额栏"的合计数,只合计"总账科目"金额,表示借方科目"库存现金"或"银行存款"的金额;"记账栏"供记账人员在根据收款凭证登记有关账簿后作记号用,表示已经记账,防止经济业务事项的重记或漏记;该凭证右上方"附件×张"根据所附原始凭证的张数填写;凭证最下方其签章处供其在履行了责任后签名或签章,以明确经济责任。

2. 付款凭证的填制

付款凭证是根据审核无误的现金和银行付款业务的原始凭证编制的。付款凭证的左上角"贷方科目",应填列"库存现金"或者"银行存款","借方科目"栏应填写与"库存现金"或"银行存款"科目相对应的总账科目及所属的明细科目。其余各部分的填制方法与收款凭证基本相同,不再赘述。

3. 转账凭证的填制

转账凭证是根据审核无误的不涉及现金和银行存款收付的转账业务的原始凭证编制的。

转账凭证的"会计科目"栏应按照先借后贷的顺序分别填写应借应贷的总账科目及所属的明细科目；借方总账科目及所属明细科目的应记金额，应在与科目同一行的"借方金额"栏内相应栏次填写，贷方总账科目及所属明细科目的应记金额，应在与科目同一行的"贷方金额"栏内相应栏次填写；"合计"行只合计借方总账科目金额和贷方总账科目金额，借方总账科目金额合计数与贷方总账金额合计数应相等。

四、记账凭证的审核

记账凭证编制以后，必须由专人进行审核，借以监督经济业务的真实性、合法性和合理性，并检查记账凭证的编制是否符合要求。特别要审核最初证明经济业务实际发生、完成的原始凭证。因此，对记账凭证的审核是一项严肃细致、政策性很强的工作。只有做好这项工作，才能正确地发挥会计反映和监督的作用。记账凭证审核的基本内容包括以下几项：

1. 内容是否真实

审核记账凭证是否以原始凭证为依据，所附原始凭证的内容是否与记账凭证的内容一致，记账凭证汇总表的内容与其所依据的记账凭证的内容是否一致等。

2. 项目是否齐全

审核记账凭证各项目的填写是否齐全，如日期、凭证编号、摘要、金额、所附原始凭证张数及有关人员签章等。

3. 科目是否准确

审核记账凭证的应借、应贷科目是否正确，是否有明确的账户对应关系，所使用的会计科目是否符合国家统一的会计制度的规定等。

4. 金额是否正确

审核记账凭证所记录的金额与原始凭证的有关金额是否一致、计算是否正确，记账凭证汇总表的金额与记账凭证的金额合计是否相符等。

5. 书写是否规范

审核记账凭证中的记录是否文字工整、数字清晰，是否按规定进行更正等。

在审核过程中，如果发现不符合要求的地方，应要求有关人员采取正确的方法进行更正。只有经过审核无误的记账凭证，才能作为登记账簿的依据。

第四节 会计凭证的传递和保管

一、会计凭证的传递

会计凭证的传递，是指从会计凭证取得或填制起至归档保管时止，在单位内部有关部门和人员之间按照规定的时间、程序进行处理的过程。各种会计凭证所记载的经济业务不同，涉及的部门和人员不同，办理的业务手续也不同，因此，应当为各种会计凭证规定一个合理的传递程序，即一张会计凭证填制后应交到哪个部门、哪个岗位，由谁办理业务手续等，直到归档保管为止。

(一) 会计凭证传递的意义

正确组织会计凭证的传递，对于提高会计核算资料的及时性、正确组织经济活动、加强经济责任、实行会计监督，具有重要意义。

1. 正确组织会计凭证的传递，有利于提高工作效率

正确组织会计凭证的传递，能够及时、真实地反映和监督各项经济业务的发生和完成情况，为经营管理提供可靠的经济信息。例如，材料运到企业后，仓库保管员应在规定的时间内将材料验收入库，填制"收料单"，注明实收数量等情况，并将"收料单"及时送到财会部门及其他有关部门；财会部门接到"收料单"，经审核无误，就应及时编制记账凭证和登记账簿，生产部门得到该批材料的验收入库凭证后，便可办理有关领料手续，用于产品生产等。如果仓库保管员未按时填写"收料单"，或虽填写"收料单"，但没有及时送到有关部门，就会给人以材料尚未入库的假象，影响企业生产正常进行。

2. 正确组织会计凭证的传递，能更好地发挥会计监督作用

正确组织会计凭证的传递，便于有关部门和个人分工协作，相互监督，加强岗位责任制，更好地发挥会计监督作用。例如，从材料运到企业验收入库，需要多少时间，由谁填制"收料单"，何时将"收料单"送到供应部门和财会部门；会计部门收到"收料单"后由谁进行审核，并同供应部门的发货票进行核对，由谁何时编制记账凭证和登记账簿，由谁负责整理保管凭证等。这样，就将材料收入业务从验收入库到登记入账的全部工作，在单位内部进行分工，共同合作完成。同时，也可以考核经办业务的有关部门和人员是否按规定的会计手续办理，从而加强经营管理，提高工作质量。

(二) 会计凭证传递的基本要求

各单位的经营业务性质是多种多样的，各种经营业务又有各自的特点，所以，办理各项经济业务的部门和人员，以及办理凭证所需要的时间、传递程序也必然各不相同。这就要求每个单位都必须根据自己的业务特点和管理特点，由单位领导会同会计部门及有关部门共同设计制订出一套会计凭证的传递程序，使各个部门有序、及时地按规定的程序处理凭证传递。各单位在设计制定会计凭证传递时，应注意以下几个问题：

1. 根据经济业务的特点、机构设置和人员分工情况，明确会计凭证的传递程序

由于企业生产经营业务的内容不同，企业管理的要求也不尽相同。在会计凭证的传递过程中，要根据具体情况，确定每一种凭证的传递程序和方法。合理制订会计凭证所经过的环节，规定每个环节负责传递的相关责任人员，规定会计凭证的联数以及每一联凭证的用途。做到既可使各有关部门和人员了解经济活动情况、及时办理手续，又可避免不必要的环节，以提高工作效率。

2. 规定会计凭证经过每个环节所需要的时间，以保证凭证传递的及时性

会计凭证的传递时间，应考虑各部门和有关人员的工作内容和工作量在正常情况下的完成时间，明确规定各种凭证在各个环节上停留的最长时间，不能拖延和积压，以免影响会计工作的正常程序。一切会计凭证的传递和处理，都应在报告期内完成，不允许跨期，否则将影响会计核算的准确性和及时性。

会计凭证在传递过程中的衔接手续，应做到既完备、严密，又简单易行。凭证的收发、交接都应当按一定的手续办理，以保证会计凭证的安全和完整。会计凭证的传递程序、传递时间和衔接手续明确后，还应制定凭证传递程序，规定凭证传递路线、环节及在各个环节上的时间、处理内容及交接手续，以保证凭证传递工作有条不紊、迅速有效地进行。

二、会计凭证的保管

会计凭证的保管是指会计凭证记账后的整理、装订、归档和存查工作。

会计凭证是记录经济业务、明确经济责任、具有法律效力的证明文件，又是登记账簿的依据，所以，它是重要的经济档案和历史资料。任何企业在完成经济业务手续和记账之后，必须按规定立卷归档，形成会计档案资料，妥善保管，以便日后随时查阅。

会计凭证整理保管的要求有：

（1）各种记账凭证，连同所附原始凭证和原始凭证汇总表，要分类并按顺序编号，定期（一天、五天、十天或一个月）装订成册，并加具封面、封底，注明单位名称、凭证种类、所属年月和起讫日期、起止号码、凭证张数等。为防止任意拆装，应在装订处贴上封签，并由经办人员在封签处加盖骑缝章。

（2）对一些性质相同、数量很多，或随时需要查阅的原始凭证，可以单独装订保管，在封面上写明记账凭证的时间、编号、种类，同时在记账凭证上注明"附件另订"。

（3）各种经济合同和重要的涉外文件等凭证，应另编目录，单独登记保管，并在有关原始凭证和记账凭证上注明。

（4）其他单位因有特殊原因需要使用原始凭证时，经本单位领导批准，可以复制，但应在专门的登记簿上进行登记，并由提供人员和收取人员共同签章。

（5）会计凭证装订成册后，应有专人负责分类保管，年终应登记归档。会计凭证的保管期限和销毁手续，应严格按照《会计档案管理办法》进行。

（6）会计凭证在归档后，应按年月日顺序排列，以便查阅。对已归档凭证的查阅、调用和复制，都应得到批准，并办理一定的手续。会计凭证在保管中应防止霉烂破损和鼠咬虫蛀，以确保其安全和完整。

本章小结

本章主要阐述了会计凭证的类型、填制、审核、传递和保管。正确使用和管理会计凭证，是每一个会计人员的基本技能和业务素质。

会计凭证是记录交易或者事项、明确经济责任的书面证明，是据以登记账簿的依据。会计凭证可以分为原始凭证和记账凭证两类。

记账凭证是由会计人员根据审核无误的原始凭证为依据编制、确定会计分录，是登记账簿的直接依据。

企业还必须合理设置会计凭证传递制度，依法妥善保管会计凭证。

填制和审核会计凭证是会计核算的基础工作，也是对交易或者事项进行核算和监督的最初环节，是会计核算的一种重要方法。

本章练习题

一、单项选择题

1. 下列凭证中，可作为出纳人员付出货币资金依据的是（　　）。
   A. 收款凭证　　　　　　　　B. 付款凭证
   C. 转账凭证　　　　　　　　D. 原始凭证

2. 企业支付水电费，应填制的记账凭证是（　　）。
   A. 收款凭证　　　　　　　　B. 付款凭证
   C. 转账凭证　　　　　　　　D. 原始凭证

3. 下列经济业务中，应填制转账凭证的是（　　）。
   A. 用银行存款偿还应付账款　　B. 收回应收账款
   C. 用现金支付工资　　　　　　D. 企业管理部门领用原材料

4. 下列原始凭证中，属于企业自制原始凭证的是（　　）。
   A. 购货取得的增值税专用发票　B. 出差取得的火车票
   C. 工资结算单　　　　　　　　D. 住宿费发票

5. 下列凭证中，属于累计原始凭证的是（　　）。
   A. 收料单　　　　　　　　　B. 领料单
   C. 发货票　　　　　　　　　D. 限额领料单

6. "发出材料汇总表"是一种（　　）。
   A. 记账凭证　　　　　　　　B. 汇总凭证
   C. 明细账　　　　　　　　　D. 累计凭证

7. 销售一批产品，货款金额为"人民币陆万壹仟零肆拾元伍角整"，在填写发货票小写金额时，应书写为（　　）。
   A. ￥61 040.50 圆　　　　　　B. ￥61 040.50
   C. ￥61 040.5　　　　　　　　D. ￥61 040.50 元

8. 下列各项中，不属于原始凭证审核内容的是（　　）。
   A. 凭证反映的内容是否真实
   B. 凭证各项基本要素是否齐全
   C. 会计科目的使用是否正确
   D. 凭证是否有填列单位的公章和填制人员的签章

9. 原始凭证不得涂改、刮擦、挖补，对于金额有错误的原始凭证，正确的处理方法是（　　）。
   A. 由出具单位重开
   B. 由出具单位在凭证上更正并由经办人员签名
   C. 由出具单位在凭证上更正并由出具单位负责人签名

D. 由出具单位在凭证上更正并加盖出具单位印章

10. 为了分清会计事项处理的先后顺序，便于记账凭证与会计账簿之间的核对，确保记账凭证的完整无缺，填制记账凭证时，应当（   ）。

A. 依据真实　　　　　　　　　　　B. 日期正确

C. 连续编号　　　　　　　　　　　D. 简明扼要

二、多项选择题

1. 企业的领料单、借款单是（   ）。

A. 原始凭证　　　　　　　　　　　B. 一次凭证

C. 自制凭证　　　　　　　　　　　D. 累计凭证

2. 下列各项中，属于原始凭证必须具备的内容的有（   ）。

A. 记账符号

B. 经办人员的签名或者盖章

C. 交易或者事项的内容、数量、单价和金额

D. 接受凭证单位的名称

3. 下列各项中，属于记账凭证应具备的基本内容的有（   ）。

A. 经济业务的内容摘要　　　　　　B. 接受凭证单位的全称

C. 经济业务所涉及的会计科目及其方向　　D. 经济业务的金额

4. 下列各项中，属于记账凭证审核内容的有（   ）。

A. 所附原始凭证的内容与记账凭证的内容是否一致

B. 使用的会计科目是否正确

C. 记账方向和金额是否正确

D. 书写是否正确

5. 规定会计凭证的传递程序时，应考虑的因素有（   ）。

A. 经营管理上的需要　　　　　　　B. 本单位交易或者事项的特点

C. 本单位内部机构设置和人员分工情况　　D. 会计人员的业务水平

三、判断题

1. 原始凭证仅是填制记账凭证的依据，记账凭证才是登记账簿的依据。（   ）

2. 任何会计凭证都必须经过有关人员的严格审核并确认无误后，才能作为记账的依据。（   ）

3. 在证明交易或者事项发生，据以填制记账凭证的作用方面，自制原始凭证与外来原始凭证具有同等的效力。（   ）

4. 原始凭证不能表明交易或者事项归类的会计科目和记账方向。（   ）

5. 自制原始凭证必须由单位会计人员自行填制。（   ）

6. 原始凭证金额出现错误的，应采用划线更正法进行更正。（   ）

7. 为了避免重复记账，企业将现金存入银行或者从银行提取现金的事项，一般只填制

收款凭证,不填制付款凭证。 ( )
  8. 保管期满的原始凭证,单位可以自行销毁。 ( )
  9. 通用记账凭证的格式和填制方法,与转账凭证相同。 ( )
  10. 会计凭证的传递,是指原始凭证从取得到填制成记账凭证时止,在单位内部有关部门及人员之间的传递程序和传递时间。 ( )

巩固练习

一、单项选择题

1. 在实际工作中，会计分录填制在（   ）中。
   A. 原始凭证
   B. 一次凭证
   C. 外来凭证
   D. 记账凭证

2. 将现金存入银行一般应填制（   ）。
   A. 银行存款的收款凭证
   B. 银行存款的付款凭证
   C. 现金的收款凭证
   D. 现金的付款凭证

3. "限额领料单"属于（   ）。
   A. 一次凭证
   B. 编制记账凭证
   C. 汇总原始凭证
   D. 累计凭证

4. 下列各项中，不能作为记账依据的是（   ）。
   A. 发货票
   B. 经济合同
   C. 入库单
   D. 收货票

5. 从银行提取现金，按规定应编制（   ）。
   A. 现金收款凭证
   B. 银行存款付款凭证
   C. 转账凭证
   D. 银行存款收款凭证

6. 自制原始凭证按其填制方法，可以分为（   ）。
   A. 原始凭证和记账凭证
   B. 收款凭证和付款凭证
   C. 单项凭证和多项凭证
   D. 一次凭证和累计凭证

7. 记账凭证的填制是由（   ）完成的。
   A. 出纳人员

B. 会计人员

C. 经办人员

D. 主管人员

8. 下列经济业务，应填制转账凭证的是（　　）。

A. 收到其他单位的欠款并存入银行

B. 从银行取得借款并存入银行

C. 计提固定资产折旧

D. 从银行提取现金备用

二、多项选择题

1. 记账凭证的内容包括（　　）。

A. 经济业务摘要

B. 会计科目

C. 借贷方向

D. 金额

E. 日期

2. 根据企业原始凭证的来源渠道分类，下列凭证属于企业外来原始凭证的有（　　）。

A. 采购人员的住宿发票

B. 接待人员的招待发票

C. 银行的支票通知

D. 上缴税金的收据

E. 购买货物取得的发票

3. 现金和银行存款发生对应关系时，可能编制（　　）。

A. 库存现金收款凭证

B. 银行存款收款凭证

C. 库存现金付款凭证

D. 银行存款付款凭证

E. 同时编制收款和付款凭证

4. 原始凭证按照来源分类，可以分为（　　）。

A. 外来原始凭证

B. 一次性凭证

C. 自制原始凭证

D. 汇总原始凭证

E. 累计凭证

5. 下列记账凭证中，可以不附原始凭证的有（　　）。

A. 收款凭证

B. 付款凭证

C. 结账的记账凭证

D. 更正错账的记账凭证

E. 原材料盘盈的记账凭证

三、判断题

1. 原始凭证是登记账簿的依据。（ ）
2. 在会计实际工作中，会计分录是在记账凭证上填制的。（ ）
3. 原始凭证是企业进行会计核算的重要依据和原始资料，因此任何单位都不得自制原始凭证。（ ）
4. 原始凭证有错误的只能重开，不得更正。（ ）
5. 转账凭证只登记与货币资金收付无关的业务。（ ）

四、分析题

资料：

（1）企业购进甲材料一批 40 000 元，进项税额 5 200 元，材料已验收入库，款项用银行存款支付。

（2）周华出差借支差旅费 1 000 元，以现金支付。

（3）销售产品一批，售价 30 000 元，销项税额 3 900 元，款项已收存银行。

（4）用现金购进办公用品 150 元，其中车间使用 50 元，厂部行政管理部门用 100 元。

要求： 根据以上业务判断企业应编制收款凭证、付款凭证还是转账凭证。

会计账簿

学习目标

通过本章学习，了解账簿的基本内容、账簿的更换和保管方法，了解各账页格式及其适用性，熟悉各种账簿的启用及登记方法、错账更正方法、对账和结账方法，掌握账簿的概念、种类和登账规则。

导入案例

一天，刘会计接到财产清查小组提供的"盘存单"，"盘存单"上显示库存甲产品200件。而会计账簿反映甲产品的账存数为260件，单位成本为200元。刘会计又重新核对了有关总账、明细账和仓库保管账，还进行了账证核对，并没有发现相关记录。于是刘会计只好将多出的甲产品按规定计入"待处理财产损溢"。一个月后，新华厂采购员前来提货，出示1个月前已经付款，出库单已经开出，但因其他原因新华厂未提货，让暂时代其保管的证明。

该企业如何才能避免类似情况的发生？对刘会计已经进行的会计处理应采用何种更正方法？请在本章寻找答案。

第一节 会计账簿概述

一、会计账簿的含义

会计账簿，是指由一定格式账页组成的，以经过审核的会计凭证为依据，全面系统连续地记录各项经济业务的账簿。在形式上，会计账簿是若干账页的组合；在实质上，会计账簿是会计信息形成的重要环节，是会计资料的主要载体之一，也是会计资料的重要组成部分。

会计账簿是账户的表现形式,两者既有区别又有联系。账户是在账簿中以规定的会计科目开设户头,用以规定不同的账簿所记录的内容,账户存在于账簿之中,账簿中的每一账页就是账户的存在形式和信息载体。如果没有账户,也就没有所谓的账簿;如果没有账簿,账户也成了一种抽象的东西,无法存在。但是,账簿只是一种外在形式,账户才是它的真实内容。账簿序时分类地记载经济业务,是在个别账户中完成的。也可以说,账簿是由若干张账页组成的一个整体,而开设于账页上的账户则是这个整体上的个别部分。因此,账簿和账户的关系是形式和内容的关系。

二、会计账簿的意义

各单位每发生一项经济业务,都必须取得或填制原始凭证,并根据审核无误的原始凭证及有关资料填制记账凭证。通过记账凭证的填制和审核,可以反映和监督单位每一项经济业务的发生和完成情况。但是由于会计凭证数量多,格式不一,每张凭证一般只能反映个别经济业务的内容,所提供的资料比较分散,缺乏系统性。为了连续、系统、全面地反映单位在一定时期内的某一类和全部经济业务,以及其引起的资产与权益的增减变化情况,给经济管理提供完整而系统的会计核算资料,并为编制会计报表提供依据,就需要企业设置会计账簿,把分散在会计凭证中的大量核算资料加以集中和归类整理,分门别类地记录在账簿中。

通过账簿记录,既能对经济活动进行序时核算,又能进行分类核算;既可以提供各项总括的核算资料,又可以提供明细核算资料。因此,每一个单位都应按照国家统一的会计制度和会计业务的需要设置和登记会计账簿。

三、会计账簿的分类

在会计账簿体系中,有各种不同功能和作用的账簿,它们各自独立又相互补充。为了便于使用,必须从不同的角度对会计账簿进行分类。

(一)会计账簿按用途分类

会计账簿按其用途不同,可分为序时账簿、分类账簿和备查账簿。

1. 序时账簿

序时账簿,又称日记账,是按经济业务发生或完成时间的先后顺序进行登记的账簿。按其记录的内容不同,序时日记账又分为普通日记账和特种日记账。普通日记账是指用来逐笔记录全部经济业务的序时账簿,即把每天发生的各项经济业务逐日逐笔地登记在日记账中,并确定会计分录,然后据以登记分类账。特种日记账是用来逐笔记录某一经济业务的序时账簿。目前,在我国,大多数单位一般只设库存现金日记账和银行存款日记账。

2. 分类账簿

分类账簿,是对全部经济业务按照会计要素的具体类别而设置账户进行分类登记的账簿,包括总分类账簿和明细分类账簿。总分类账簿,简称总账,按照总分类账户分类登记经济业务事项,可以总括地反映经济活动,为编制报表提供直接数据资料;明细分类账簿,简称明细账,按照明细分类账户分类登记经济业务事项,可以提供明细的核算资料。

3. 备查账簿

备查账簿，简称备查账，是对某些未能在序时账簿和分类账簿等主要账簿中进行登记或者登记不够详细的经济业务事项进行补充登记时使用的账簿，又称为辅助账簿，如租入固定资产登记簿、应收票据备查簿、受托加工来料登记簿。这些账簿可以对某些经济业务的内容提供必需的参考资料，但是它记录的信息无须编入会计报表，所以也称表外记录。备查账簿没有固定格式，可由各单位根据管理的需要自行设置与设计。

（二）会计账簿按外形特征分类

会计账簿按其外形特征不同，可以分为订本式账簿、活页式账簿和卡片式账簿。

1. 订本式账簿

订本式账簿，也称订本账，是指在账簿启用前就把具有账户基本结构并连续编号的若干张账页固定地装订成册的账簿。这种账簿的优点是可以避免账页散失，防止账页被随意抽换，比较安全；缺点是由于账页固定，不能根据需要增加或减少，不便于按需要调整各账户的账页，也不便于分工记账。这种账簿一般使用于总分类账、库存现金日记账和银行存款日记账。

2. 活页式账簿

活页式账簿，也称活页账，是指年度内账页不固定装订成册，而是将其放置在活页账夹中的账簿。当账簿登记完毕（通常是一个会计年度结束）之后，才能将账页予以装订，加具封面，并给各账页连续编号。这种账簿的优点是随时取放，便于账页的增加和重新排列，便于分工记账和记账工作电算化；缺点是账页容易散失和被随意抽换。活页账在年度终了时，应及时装订成册，妥善保管。各种明细分类账一般采用活页账。

3. 卡片式账簿

卡片式账簿，又称卡片账，是指由许多具有一定格式的卡片组成，存放在一定卡片箱内的账簿。卡片账的卡片一般装在卡片箱内，不用装订成册，随时可存放，也可以跨年度长期使用。这种账簿的优点是便于随时查阅，也便于按不同要求归类整理，不易损坏；缺点是账页容易散失和被随意抽换。因此，在使用卡片式账簿时，应对账页连续编号，并加盖有关人员签章，卡片箱应由专人保管，更换新账后也应封扎保管，以保证其安全。在我国，单位一般只对固定资产和低值易耗品等资产明细账采用卡片账形式。

（三）会计账簿按账页的格式分类

会计账簿按其账页的格式不同，可以分为三栏式账簿、多栏式账簿和数量金额式账簿。

1. 三栏式账簿

三栏式账簿，是指设有借方、贷方和余额三个金额栏或者收入、支出和结余三个金额栏的账簿。各种日记账、总账，以及资本、债权、债务明细账都可以采用这种格式的账簿。

2. 多栏式账簿

多栏式账簿，是指根据经济业务的内容和管理的需要，在账页的"借方"和"贷方"栏内再分别按照明细科目或某明细科目的各明细项目设置若干专栏的账簿。这种账簿可以按

"借方"和"贷方"分别设专栏，也可以只设"借方"专栏，"贷方"的内容在相应的借方专栏内用红字登记，表示冲减。收入、费用明细账一般采用这种格式的账簿。

3. 数量金额式账簿

数量金额式账簿，是指在账页中分设"借方""贷方""余额"或者"收入""发出""结存"三大栏，并在每一大栏内分设数量、单价和金额等三小栏的账簿。数量金额式账簿能够反映出财产物资的实物数量和价值量，原材料、库存商品、产成品等明细账一般采用数量金额式账簿。

第二节　会计账簿的设置和登记

一、会计账簿的基本内容

虽然各种账簿所记录的经济内容不同，账簿的格式多种多样，但各主要账簿均应具备以下基本内容：

1. 封面

主要用于表明账簿的名称，如库存现金日记账、银行存款日记账、总分类账、应收账款明细账等。

2. 扉页

主要用于载明经管人员一览表，其应填列的内容主要有：经管人员、移交人和移交日期，接管人和接管日期。

3. 账页

账页是用来记录具体经济业务的载体，其格式因记录经济业务的内容的不同而有所不同，但每张账页上应载明的主要内容有账户的名称（即会计科目），记账日期栏，记账凭证种类和号数栏，摘要栏（经济业务内容的简要说明），借方、贷方金额及余额的方向、金额栏，总页次和分页次等。

二、会计账簿的启用

为了明确经济业务，保证会计账簿记录的合法性和会计资料的真实性、完整性，会计账簿应由专人负责登记。启用会计账簿应遵守以下规则：

1. 认真填写封面及账簿启用和经管人员一览表

启用会计凭证时应在账簿封面上写明单位名称和账簿名称，并在账簿扉页附账簿启用和经办人员一览表。启用表内容主要包括账簿名称、启用日期、账簿页数、记账人员和会计机构负责人、会计主管人员姓名，并加盖名章和单位公章。启用订本式账簿，应当从第一页到最后一页顺序编定页数，不得跳页、缺页。使用活页式账簿，应当按账户顺序编号，并定期装订成册；装订后再按实际使用的账页顺序编定页码，另加目录，记明每个账户的名称和页次。卡片式账簿在使用前应当登记卡片登记簿。

2. 严格交接手续

记账人员或者会计机构负责人、会计主管人员调动工作时，必须办理账簿交接手续，在账簿启用和经管人员一览表中注明交接日期、交接人员和监交人员姓名，并由双方交接人员签名或者盖章，以明确有关人员的责任，维护会计记录的严肃性。

3. 及时结转旧账

每年年初更换新账时，应将旧账的各账户余额过入新账的余额栏，并在摘要栏中注明"上年结转"字样。

三、会计账簿设置的原则

会计账簿的设置和登记包括确定账簿的种类，设计账页的格式、内容，以及规定账簿登记的方法等。各单位应根据经济业务的特点和管理要求，科学、合理地设置账簿。具体表现为：

（1）账簿的设置必须能够保证全面、系统地核算和监督各项经济活动，为经济管理提供必要的考核指标。

（2）账簿的设置要从各单位经济活动和业务特点出发进行设置，以有利于会计分工和加强岗位责任制。

（3）账簿结构要求科学严密，有关账簿之间要有统驭关系或平行制约关系，并应避免重复记账或遗漏。

（4）账簿的格式，要力求简明实用，既要保证会计记录的系统和完整，又要避免过于烦琐，以便于日常使用和保存。账簿的设置要组织严密、层次分明。账簿之间要互相衔接、互相补充、互相制约，以便能提供完整、系统的资料。

四、日记账的设置和登记

日记账有普通日记账和特种日记账两类。

（一）普通日记账

普通日记账是逐日序时登记特种日记账以外的经济业务的账簿。在不设特种日记账的企业，则要序时地逐笔登记企业的全部经济业务，因此，普通日记账也称分录簿。

普通日记账一般分为"借方金额"和"贷方金额"两栏，登记每一分录的借方账户和贷方账户及金额，这种账簿不结余额。

（二）特种日记账

常用的特种日记账是库存现金日记账和银行存款日记账。

1. 库存现金日记账

库存现金日记账是用来核算和监督库存现金每日的收入、支出和结余状况的账簿。它由出纳人员根据收、付款会计凭证按经济业务发生时间的先后顺序，逐日逐笔进行登记。

库存现金日记账的结构一般采用"收入""支出""结余"三栏式。库存现金日记账中的"年、月、日""凭证字号""摘要"和"对方科目"等栏，根据有关记账凭证登记；

"收入"栏根据现金收款凭证和引起现金增加的银行存款付款凭证登记;"支出"栏根据现金付款凭证登记。每日终了应计算当日的现金收入、支出合计数,并逐日结出现金余额,与库存现金实存数核对,确保账实一致。每月期末,应结出当期"收入"栏和"支出"栏的发生额和期末余额,并与"现金"总分类账户核对一致,做到日清月结,账实相符。库存现金日记账的格式如表6-1所示。

表6-1 库存现金日记账　　　　　　　　　　　　　　第　页

年		记账凭证		对方科目	摘要	收入	支出	结余
月	日	字	号					

2. 银行存款日记账

银行存款日记账是用来核算和监督银行存款每日的收入、支出和结余情况的账簿。它是由出纳人员按经济业务发生时间的先后顺序,逐日逐笔进行登记的序时账簿。银行存款日记账应按企业在银行开立的账户和币种分别设置,每个银行存款账户设置一本银行存款日记账。银行存款日记账的结构一般也采用"收入""支出"和"结余"三栏式。对于将现金存入银行的业务,因习惯上只填制现金付款凭证,不填制银行存款收款凭证,所以此时的银行存款收入数,应根据相关的现金付款凭证登记。银行存款日记账和库存现金日记账一样,每日终了时要结出余额,做到日清,以便于检查各项收支款项,避免出现透支现象,同时也便于同银行对账单进行核对。银行存款日记账的格式与库存现金日记账的格式基本相同。

库存现金日记账和银行存款日记账都必须使用订本账。

五、分类账的设置和登记

分类账有总分类账和明细分类账两类。

(一) 总分类账

总分类账也称总账,是按总分类账户进行分类登记,全面、总括地反映和记录经济活动情况,并为编制会计报表提供资料的账簿。由于总分类账能全面、总括地反映和记录经济业务引起的资金运动和财务收支情况,并为编制会计报表提供数据。因此,任何单位都必须设置总分类账。

总分类账一般采用订本式账簿,按照会计科目的编码顺序分别开设账户,并为每个账户预留若干账页。由于总分类账只进行货币计量的核算,因此最常用的格式是三栏式,在账页中设置借方、贷方和余额三个基本金额栏。总分类账中的"对方科目"栏,可以设置也可以不设置。"借或贷"栏是指账户的余额在借方还是在贷方。

总分类账的登记,可以根据记账凭证逐笔登记,也可以通过一定的方式分次或按月一次汇总成汇总记账凭证或科目汇总表,然后据以登记。总分类账登记的依据和方法,取决于企业采用的账务处理程序。总分类账的格式如表6-2所示。

表6-2 总分类账

会计科目： 第 页

年		凭证		对方科目	摘要	借方	贷方	借或贷	余额
月	日	字	号						

（二）明细分类账

明细分类账是根据明细账户开设账页，分类、连续地登记经济业务以提供明细核算资料的账簿。根据实际需要，各种明细账分别按二级科目或明细科目开设账户，并为每个账户预留若干账页，用来分类、连续记录有关资产、负债、所有者权益、收入、费用、利润等详细资料。

明细账的格式，应根据它所反映经济业务的特点，以及财产物资管理的不同要求来设计，一般有三栏式明细账、数量金额式明细账和多栏式明细账三种。

1. 三栏式明细分类账

三栏式明细分类账的账页格式同总分类账的账页格式基本相同，它只设"借方""贷方"和"金额"三个金额栏，不设数量栏。所不同的是，总分类账簿为订本账，而三栏式明细分类账多为活页账。这种账页适用于采用金额核算的应收账款、应付账款等账户的明细核算。

2. 数量金额式明细账

数量金额式明细账的账页格式在借方（收入）、贷方（发出）、余额（结存）三栏内，再分别设置"数量""单价"和"金额"等栏目，以分别登记实物的数量和金额。数量金额式明细账适用于既要进行金额明细核算，又要进行数量明细核算的财产物资项目，如"原材料""库存商品"等账户。它能提供各种财产物资收入、发出、结存等的数量和金额资料，便于开展业务和加强管理。其格式如表6-3所示。

表6-3 数量金额式明细账

会计科目： 第 页
类别： 品名或规格： 计量单位： 存放地点：

年		凭证号码		摘要	借方			贷方			余额		
月	日	字	号		数量	单价	余额	数量	单价	余额	数量	单价	余额

3. 多栏式明细分类账

多栏式明细分类账是根据经济业务的特点和经营管理的需要，在一张账页的"借方"栏或"贷方"栏设置若干专栏，集中反映有关明细项目的核算资料。它主要适用于只记金额、不记数量，而且在管理上需要了解其构成内容的费用、成本、收入、利润账户，如"生产成本""制造费用""管理费用""主营业务收入"等账户的明细分类账。"本年利润""利润分配"和"应交税费——应交增值税"等科目所属明细科目则需采用借、贷方均为多栏的明细账。

多栏式明细分类账的格式视管理需要而多种多样。它在一张账页上，按明细科目分设若干专栏，集中反映有关明细项目的核算资料。如"制造费用明细账"，它在"借方"栏下，可分设若干专栏，如工资、福利费、折旧费、办公费、水电费等。其格式如表6-4所示。

表6-4 制造费用明细账

明细科目： 第　页

年		凭证		对方科目	摘要	借方						贷方	金额
月	日	字	号			工资	福利费	折旧费	办公费	水电费	其他		

多栏式明细分类账是由会计人员根据审核无误的记账凭证或原始凭证，按照经济业务发生的时间先后顺序逐日逐笔进行登记的，对于成本、费用类账户，只在借方设专栏，平时在借方登记费用、成本发生额，贷方登记月末将借方发生额一次转出的数额。平时如发生贷方发生额，应用"红字"在借方有关栏内登记，表示应从借方发生额中冲减。同样，对于收入类账户，只在贷方设专栏，平时在贷方登记收入的发生额，借方登记月末将贷方发生额一次转入"本年利润"的数额。若平时发生退货，应用"红字"在贷方有关栏内登记。

六、记账规则与错账登记

（一）记账规则

1. 根据审核无误的会计凭证登记账簿

记账的依据是会计凭证，记账人员在登记账簿之前，应当首先审核会计凭证的合法性、完整性和真实性，这是确保会计信息的重要措施。

2. 记账时要做到准确完整

记账人员记账时，应当将会计凭证的日期、编号、经济业务的内容摘要、金额和其他有关资料记入账内。每一会计事项，要按平行登记方法，一方面记入有关总账，另一方面记入总账所属的明细账，做到数字准确、摘要清楚、登记及时、字迹工整清晰。记账后，要在记账凭证上签章并注明所记账簿的页数，或划"√"表示已经登记入账，避免重记、漏记。

3. 书写不能占满格

为了便于更正错账和方便查账，登记账簿时，书写的文字和数字上面要留有适当的空格，不要写满格。一般应占格距的 1/2，最多不能超过 2/3。

4. 顺序连续登记

会计账簿应当按照页次顺序连续登记，不得跳行、隔页。如果发生跳行、隔页的，应当将空行、空页用红色墨水对角划线注销，并注明"作废"字样，或者注明"此行空白""此页空白"字样，并由经办人员盖章，以明确经济责任。

5. 正确使用蓝黑墨水和红墨水

登记账簿要用蓝黑墨水或碳素墨水书写，不得使用圆珠笔或者铅笔书写。这是因为，各种账簿归档保管年限一般在 10 年以上，有些关系到重要经济资料的账簿则要长期保管，因此要求账簿记录保持清晰、耐久，防止涂改，以便长期查核使用。

红色墨水不能随意使用，一般而言，企业只能在以下情况下使用红色墨水：①冲销错账；②在未设借贷等栏的多栏式账页中，登记减少数；③在三栏式账户的余额栏前，如未印明余额方向的，在余额栏内登记负数余额；④根据国家统一会计制度的规定可以使用红字登记的其他会计记录。

6. 结出余额

凡需要结出余额的账户，应按时结出余额，库存现金日记账和银行存款日记账必须逐日结出余额；债权债务明细账和各项财产物资明细账，每次记账后，都要随时结出余额；总账账户平时每月需要结出月末余额。结出余额后，应当在"借或贷"栏内写明"借"或者"贷"字样，以说明余额的方向。没有余额的账户，应当在"借或贷"栏内写"平"字，并在余额栏内用"φ"表示，一般来说，"φ"应放在"元"位。

7. 过次承前

各账户在一张账页记满时，要在该账页的最末一行结出发生额合计数和余额，并在该行"摘要"栏注明"过次页"字样；然后，再把这个发生额合计数和余额填列在下一页的第一行内，并在"摘要"栏内注明"承前页"，以保证账簿记录的连续性。

8. 账簿记录错误应按规定的办法更正

账簿记录发生错误时，不得刮擦、挖补，或用褪色药水更改字迹，应根据错误的情况，按规定的方法进行更正。

（二）总分类账和明细分类账的平行登记

在会计核算中，为保持总账与明细账记录的一致，使总分类账与其所属的明细分类账之间能起到统驭与补充的作用，便于进行账户记录的核对和检验登记结果的正确性，保证核算资料的完整、正确，必须采用平行登记的方法，在总分类账及其所属的明细分类账中进行登记。总分类账和明细分类账的平行登记是指经济业务发生后，一方面要登记有关总分类账，另一方面又要登记该总分类账所属的各有关明细分类账。总分类账和明细分类账的登记依据是会计凭证，（既不根据总分类账登记明细分类账，也不根据明细分类账登记总分类账。）两者的登记是独立地、互不依赖地进行的，即平行登记的要点如下：

（1）登记的依据相同。登记总分类账与登记其所属的明细分类账所依据的原始凭证是相同的。

（2）登记的会计期间一致。对于每项经济业务，一方面要在有关总分类账中进行总括登记；另一方面要于同一会计期间在有关明细分类账中进行详细登记。这里强调的是同一会计期间，而并非同一时点。因为明细分类账一般根据会计凭证于平时进行登记，而总分类账因账务处理程序不同，可能在平时登记，也可能定期登记，两者登记的时间不一定相同，但登记总分类账和明细分类账必须在同一会计期间内完成。

（3）登记的方向相同。如果在总分类账中登记借方，在所属明细分类账中也应登记借方；如果在总分类账中登记贷方，在所属明细分类账中也应登记贷方。

（4）登记的金额相等。记入总分类账中的金额必须与记入各个有关明细分类账的金额之和相等。

（三）错账更正方法

登记会计账簿是一项很细致的工作。在记账工作中，可能由于种种原因账簿记录发生错误，有的是填制凭证和记账时发生的单纯笔误，有的是写错了会计科目、金额等，有的是合计时计算错误，有的是过账错误。登记账簿中发生的差错，一经查出，应立即更正。对于账簿记录错误，不准涂改、挖补、刮擦或者用药水消除字迹，不准重新抄写，而必须根据错误的具体情况和性质，采用规范的方法予以更正。错账更正方法通常有划线更正法、红字更正法和补充登记法等。

1. 划线更正法

记账凭证填制正确，但在记账或结账过程中发现账簿记录中文字或数字有错误，应采用划线更正法。具体做法是：先在错误的文字或数字上划一条红线，表示注销，划线时必须使原有字迹仍可辨认；然后将正确的文字或数字用蓝字写在划线处的上方，并由记账人员和会计机构负责人（会计主管人员）在更正处盖章。对于文字的错误，可以只划去错误的部分，并更正错误的部分；对于错误的数字，应当全部划红线更正，不能只更正其中的个别错误数字，且应保持原数字清晰可辨。例如，会计宋秋在登记库存现金总账时把"2 763"元误记为"2 736"元时，应将错误数字"2 736"全部用红线注销后，再写上正确的数字"2 763"，并在更正处盖章。尚未过账时，记账凭证中的文字或数字发生错误的，也可以用划线更正法。

2. 红字更正法

在记账以后，如果发现记账凭证中应借、应贷科目或金额发生错误，可以用红字更正法进行更正。具体做法是：先用红字金额，填写一张与错误记账凭证内容完全相同的记账凭证，且在摘要栏注明"更正某月某日第×号凭证"，并据以用红字金额登记入账，以冲销账簿中原有的错误记录，然后再用蓝字重新填制一张正确的记账凭证，登记入账。这样，原来的错误记录便得以更正。

红字更正法一般适用于以下两种情况的错账更正：

（1）记账后，如果发现记账凭证中的应借、应贷会计科目有错误，可以用红字更正法予以更正。

【例 6-1】 A 车间领用甲材料 2 000 元，用于一般消耗。填制记账凭证时，误将借方科目写成"生产成本"，并已登记入账。原错误记账凭证为：

借：生产成本　　　　2 000
　　贷：原材料　　　　　　2 000

① 发现错误后，用红字填制一张与原错误记账凭证内容完全相同的记账凭证。

借：生产成本　　　　2 000
　　贷：原材料　　　　　　2 000

② 用蓝字填制一张正确的记账凭证。

借：制造费用　　　　2 000
　　贷：原材料　　　　　　2 000

（2）记账后，如果发现记账凭证和账簿记录中应借、应贷的账户没有错误，只是所记金额大于应记金额。对于这种账簿记录的错误，更正的方法是：将多记的金额用红字填制一张与原错误记账凭证会计科目相同的记账凭证，并在摘要栏注明"更正某月某日第×号凭证"，并据以登记入账，以冲销多记的金额，使错账得以更正。

【例 6-2】 仍以例【例 6-1】为例，假设在编制记账凭证时，应借、应贷账户没有错误，只是金额 2 000 元误写成了 20 000 元，并已登记入账。

该笔业务只需用红字更正法编制一张记账凭证，将多记的金额 18 000 元用红字冲销即可。编制的记账凭证为：

借：制造费用　　　　18 000
　　贷：原材料　　　　　　18 000

3. 补充登记法

在记账之后，如果发现记账凭证中应借、应贷的账户没有错误，但所记金额小于应记金额，造成账簿中所记金额也小于应记金额，这种错账就应采用补充登记法进行更正。更正的方法是：将少记金额用蓝笔填制一张与原错误记账凭证会计科目相同的记账凭证，并在摘要栏内注明"补记某月某日第×号凭证"，并据以登记入账，补足原少记金额，使错账得以更正。

【例 6-3】 仍以【例 6-1】为例，假设在编制记账凭证时，应借、应贷账户没有错误，只是金额 2 000 元误写成了 200 元，并已登记入账。

该笔业务只需用补充登记法编制一张记账凭证，将少记的金额 1 800 元补足便可。其记账凭证为：

借：制造费用　　　　1 800
　　贷：原材料　　　　　　1 800

第三节　对账和结账

登记账簿作为会计核算的方法之一，除了记账外，还包括对账和结账两项工作。

一、对账

对账，就是核对账目，是保证会计账簿记录质量的重要程序。在会计工作中，由于种种原因，难免会发生差错，也难免会出现账实不符的现象。为了保证各账簿记录和会计报表的真实、完整和正确，如实地反映和监督经济活动，各单位必须做好对账工作。账簿记录是否准确与真实可靠，不仅取决于账簿本身，还涉及账簿与凭证的关系，账簿记录与实际情况是否相符等。所以，对账应包括账簿与凭证的核对、账簿与账簿的核对、账簿与实物的核对，把账簿记录的数字核对清楚，做到账证相符、账账相符、账实相符。对账工作至少每年进行一次。对账的主要内容有：

（一）账证核对

账证核对是指将会计账簿记录与会计凭证（包括记账凭证和原始凭证）有关内容进行核对。由于会计账簿是根据会计凭证登记的，两者之间存在钩稽关系。因此，通过账证核对，可以检查、验证会计账簿记录与会计凭证的内容是否正确无误，以保证账证相符。各单位应当定期将会计账簿记录与其相应的会计凭证记录（包括时间、编号、内容、金额、记录方向等）逐项核对，检查是否一致。如有不符之处，应当及时查明原因，并予以更正。保证账证相符，是会计核算的基本要求之一，也是账账相符、账实相符和账表相符的基础。

（二）账账核对

账账核对是指将各种会计账簿之间相对应的记录进行核对。由于会计账簿之间相对应的记录存在着内在联系，因此，通过账账相对可以检查、验证会计账簿记录的正确性，以便及时发现错账，予以更正，保证账账相符。账账核对的内容主要包括：

（1）总分类账各账户借方余额合计数与贷方余额合计数核对相符；

（2）总分类账各账户余额与其所属明细分类账各账户余额之和核对相符；

（3）库存现金日记账和银行存款日记账的余额与总分类账中"现金"和"银行存款"账户余额核对相符；

（4）会计部门有关财产物资的明细分类账余额与财产物资保管或使用部门登记的明细账核对相符。

（三）账实核对

账实核对是在账账核对的基础上，将各种财产物资的账面余额与实存数额进行核对。由于实物的增减变化、款项的收付都要在有关账簿中如实反映，因此，通过会计账簿记录与实物、款项的实有数进行核对，可以检查、验证款项与实物会计账簿记录的正确性，以便于及时发现财产物资和货币资金管理中存在的问题，查明原因，分清责任，改善管理，保证账实相符。账实核对的主要内容包括：

（1）库存现金日记账账面余额与现金实际库存数核对相符；

（2）银行存款日记账账面余额与开户银行对账单核对相符；

（3）各种材料、物资明细分类账账面余额与实存数核对相符；

（4）各种债权债务明细账账面余额与有关债权、债务单位或个人的账面记录核对相符。

二、结账

结账，是在把一定时期内发生的全部经济业务登记入账的基础上，按规定的方法将各种账簿的记录进行小结，计算并记录本期发生额和期末余额。为了正确反映一定时期内在账簿中已经记录的经济业务，总结有关经济活动和财务状况，为编制会计报表提供资料，各单位应在会计期末进行结账。会计期间一般按日历时间划分为月、季、年，结账于各会计期末进行，所以分为月结、季结、年结。

（一）结账的基本程序

结账前，必须将属于本期内发生的各项经济业务和应由本期受益的收入、负担的费用全部登记入账。在此基础上，才可保证结账的有效性，确保会计报表的正确性。不得把将要发生的经济业务提前入账，也不得把已经在本期发生的经济业务延至下期（甚至以后期）入账。结账的基本程序为：

（1）将本期发生的经济业务事项全部登记入账，并保证其正确性；

（2）根据权责发生制的要求，调整有关账项，合理确定本期应计的收入和应计的费用。

①应计收入和应计费用的调整。应计收入是指那些已在本期实现、因款项未收而未登记入账的收入。企业发生的应计收入，主要是本期已经发生且符合收入确认标准，但尚未收到相应款项的商品或劳务。对于这类调整事项，企业应确认为本期收入，借记"应收账款"等科目，贷记"营业收入"等科目；待以后收妥款项时，再借记"库存现金"或"银行存款"等科目，贷记"应收账款"等科目。

②收入分摊和成本分摊的调整。收入分摊是指企业已经收取有关款项，但未完成或未全部完成商品销售或劳务提供，需在期末按本期已完成的比例，分摊确认本期已实现收入的金额，并调整以前预收款项时形成的负债，如企业销售商品预收了定金、提供劳务预收了佣金。在收到预收款项时，应借记"银行存款"等科目，贷记"预收账款"等科目；在以后提供商品或劳务、确认本期收入时，应借记"预收账款"等科目，贷记"营业收入"等科目。

成本分摊是指企业的支出已经发生且能使若干个会计期间受益，为正确计算各个会计期间的盈亏，将这些支出在其受益期间内进行分配，如企业已经支出，但应由本期或以后各期负担的待摊费用，购建固定资产和无形资产发生的支出等。企业在发生这类支出时，应借记"待摊费用""固定资产""无形资产"等科目，贷记"银行存款"等科目。在会计期末进行摊销时，应借记"制造费用""管理费用""销售费用"等科目，贷记"待摊费用""累计折旧""累计摊销"等科目。

（3）将损益类账户转入"本年利润"账户，结平所有损益类账户。

（4）结算出资产、负债和所有者权益账户的本期发生额和余额，并结转下期。

（二）结账的基本方法

结账时，应当结出每个账户的期末余额。需要结出当月（季、年）发生额的账户，如各项收入、费用账户等，应单列一行登记发生额，在摘要栏内注明"本月（季）合计"或"本年累计"。结出余额后，应在余额前的"借或贷"栏内写"借"或"贷"字样，没有余额的账户，应在余额栏前的"借或贷"栏内写"平"字，并在余额栏内用"φ"表示。为了突出本期发生额及期末余额，表示本会计期间的会计记录已经截止或者结束，应将本期与下期的会计记录明显分开，结账一般都划"结账线"。划线时，月结、季结划单线，年结划双线。划线应划红线并应划通栏线，不能只在账页中的金额部分划线。结账时，应根据不同的账户记录，分别采用不同的结账方法：

（1）总账账户平时只需要结计月末余额，不需要结计本月发生额。每月结账时，应将月末余额计算出来，并写在本月最后一笔经济业务记录的同一行内，并在下面通栏划单红线。年终结账时，为了反映全年各会计要素增减变动的全貌，便于核对账目，要将所有总账账户结计全年发生额和年末余额，在摘要栏内注明"本年累计"字样，并在"本年累计"行下划双红线。

（2）库存现金日记账、银行存款日记账和需要按月结计发生额的各种明细账，每月结账时，要在每月的最后一笔经济业务下面通栏划单红线，结出本月发生额和月末余额，写在红线下面，并在摘要栏内注明"本月合计"字样，再在下面通栏划单红线。

（3）对于不需要按月结计发生额的债权、债务和财产物资等明细分类账，每次记账后，都要在该行余额栏内随时结出余额，每月最后一笔余额即为月末余额。也就是说，月末余额就是本月最后一笔经济业务记录的同一行内的余额。月末结账时，只需在最后一笔经济业务记录之下通栏划单红线即可，无须再结计一次余额。

（4）对于需要结计本年累计发生额的收入、成本等明细账，先按照需按月结计发生额的明细账的月结方法进行月结，再在"本月合计"行下的摘要栏内注明"本年累计"字样，并结出自年初起至本月末止的累计发生额，再在其下通栏划单红线。12月末的"本年累计"就是全年累计发生额，全年累计发生额下面通栏划双红线。

（5）年度终了结账时，有余额的账户，要将其余额结转到下一会计年度，并在摘要栏内注明"结转下年"字样；在下一会计年度新建有关会计账簿的第一行余额栏内填写上年结转的余额，并在摘要栏内注明"上年结转"字样。结转下年时，既不需要编制记账凭证，也不必将余额再记入本年账户的借方或贷方，使本年有余额的账户的余额变为零，而是使有余额的账户的余额如实反映在账户中，以免混淆有余额账户和无余额账户。若由于会计准则或会计制度改变而需要在新账中改变原有账户名称及其核算内容，可将年末余额按新会计准则或会计制度的要求编制余额调整分录，或编制余额调整工作底稿，将调整后的账户余额抄入新账的有关账户余额栏内。

第四节　会计账簿的更换和保管

一、账簿的更换

会计账簿是记录和反映经济业务的重要历史资料和证据。为了使每个会计年度的账簿资料明晰和便于保管，一般来说，总账、日记账和多数明细账要每年更换一次。这些账簿在每年年终按规定办理完结账手续后，就应更换、启用新的账簿，并将余额结转记入新账簿中。但有些财产物资明细账和债权、债务明细账，由于材料等财产物资的品种、规格繁多，债权、债务单位也较多，如果更换新账，重抄一遍的工作量相当大，因此可以跨年度使用，不必每年更换一次。卡片式账簿，如固定资产卡片，以及各种备查账簿也都可以连续使用。

二、账簿的保管

会计账簿同会计凭证和会计报表一样，都属于会计档案，是重要的经济档案，各单位必须按规定妥善保管，确保其安全与完整，并充分加以利用。

（一）会计账簿的装订整理

在年度终了更换新账簿后，应将使用过的各种账簿（跨年度使用的账簿除外）按时装订整理立卷。

（1）装订前，首先要按账簿启用和经管人员一览表的使用页数核对各个账户是否相符，账页数是否齐全，序号排列是否连续；然后按会计账簿封面、账簿启用表、账户目录、该账簿按页数顺序排列的账页、装订封底的顺序装订。

（2）对于活页式账簿，要保留已使用过的账页，将账页数填写齐全，除去空白页并撤掉账夹，用质地好的牛皮纸做封面和封底，装订成册。多栏式、三栏式、数量金额式等活页账不得混装，应按同类业务、同类账页装订在一起。装订好后，应在封面上填明账目的种类、编号卷号，并由会计主管人员和装订人员签章。

（3）装订后，会计账簿封口要严密，封口处要加盖有关印章。封面要齐全、平整，并注明所属年度、账簿名称和编号。不得有折角、缺角、错页、掉页、加空白纸的现象。会计账簿要按保管期限分别编制卷号。

（二）按期移交档案部门进行保管

年度结账后，更换下来的账簿，可暂由本单位财务会计部门保管一年，期满后原则上应由财务会计部门移交本单位档案部门保管。移交时，需要编制移交清册，填写交接清单，交接人员按移交清册和交接清单项目核查无误后签章，并在账簿使用日期栏内填写移交日期。已归档的会计账簿作为会计档案为本单位使用，原件不得借出，如有特殊需要，须经上级主管单位或本单位领导、会计主管人员批准，在不拆散原卷册的前提下，可以提供查阅或者复制，并要办理登记手续。

会计账簿是重要的会计档案之一，必须严格按照《会计档案管理办法》规定的保管年限妥善保管，不得丢失和任意销毁。通常，总账、明细账、日记账和其他辅助性账簿保管期限均为 30 年；固定资产卡片账在固定资产报废清理后保管 5 年。实际工作中，各单位可以根据实际利用的经验、规律和特点，适当延长有关会计档案的保管期限，但必须有较为充分的理由。

本章小结

会计账簿，是指由一定格式账页组成的，以经过审核的会计凭证为依据，全面、系统、连续地记录各项经济业务的账簿。通过设置和登记账簿，可以了解单位在一定时期的全部经济活动，取得经营管理上所需要的系统、完整的会计信息。

账簿按用途分类，可以分为序时账簿、分类账簿和备查账簿；按外表形式分类，可以分为订本式账簿、活页式账簿和卡片式账簿；按其账页格式分类，可分为三栏式账簿、数量金额式账簿和多栏式账簿。

登记账簿必须遵守一定的记账规则，以保证账簿记录的及时、正确、规范，如发生记账错误，应按规定的方法进行更正。错账更正方法有划线更正法、红字更正法、补充登记法三种。

为保证账簿记录的正确性和真实性，要定期核对账簿记录，包括账证核对、账账核对和账实核对。期末必须进行结账。

企业应妥善保管账簿，不得随意拆装、出借和销毁。

本章练习题

一、单项选择题

1. 下列账簿中，必须采用订本式账簿的是（　　）。
   A. 原材料明细账　　　　　　　　B. 库存商品明细账
   C. 库存现金日记账　　　　　　　D. 固定资产明细账
2. 下列账簿中，能够序时反映企业某一类经济业务会计信息的是（　　）。
   A. 明细分类账　　　　　　　　　B. 总分类账
   C. 备查簿　　　　　　　　　　　D. 日记账
3. 下列各项中，适合采用多栏式账簿的明细账是（　　）。
   A. 应收账款明细账　　　　　　　B. 预收账款明细账
   C. 管理费用明细账　　　　　　　D. 库存商品明细账
4. 下列各项中，适合采用数量金额式账簿的是（　　）。
   A. 库存商品明细账　　　　　　　B. 短期借款明细账
   C. 银行存款日记账　　　　　　　D. 制造费用明细账
5. 下列各项中，关于银行存款日记账的表述正确的是（　　）。
   A. 应按实际发生的经济业务定期汇总登记
   B. 仅以银行存款付款凭证为记账依据
   C. 应按企业在银行开立的账户和币种分别设置
   D. 不得使用多栏式账页格式
6. 下列各项中，属于账实核对的是（　　）。
   A. 总账和明细账核对　　　　　　B. 银行存款日记账和银行对账单核对
   C. 账簿记录和记账凭证核对　　　D. 总账和日记账核对
7. 会计人员在结账前发现记账凭证填制无误，但登记入账时误将600元写成6 000元，应采用的错账更正方法是（　　）。
   A. 补充登记法　　　　　　　　　B. 划线更正法
   C. 横线登记法　　　　　　　　　D. 红字更正法

二、多项选择题

1. 下列各项中，适合采用三栏式明细分类账进行明细账核算的有（　　）。
   A. 向客户赊销商品形成的应收账款　　B. 生产车间发生的制造费用
   C. 购买并验收入库的原材料　　　　　D. 向银行借入的短期借款
2. 下列情况，可以用红字记账的有（　　）。
   A. 在不设借贷等栏的多栏式账页中，登记减少数
   B. 在三栏式账户的余额栏前，如果未标明余额方向的，在余额栏内登记增加数

C. 冲销错误记录

D. 冲销账簿中多记的金额

3. 下列关于划线更正法的说法中，错误的有（　　）。

A. 划线更正法可以只划去错误的单个数字

B. 划线更正法不可以划去错误的文字

C. 错误的数字必须全部划去

D. 错误的数字必须全部涂掉

4. 下列各项中，有关结账的说法正确的有（　　）。

A. 总账账户平时只需结出月末余额

B. 年度终了，有余额的账户，要将其余额结转下年

C. 对不需按月结计本期发生额的账户，每月最后一笔余额为月末余额

D. 库存现金日记账每月结账时要在最后一笔经济业务记录下面通栏划单红线

5. 库存现金日记账的登记依据有（　　）。

A. 银行存款收款凭证　　　　　　B. 库存现金收款凭证

C. 库存现金付款凭证　　　　　　D. 银行存款付款凭证

三、简答题

1. 会计账簿的分类有哪些？各种账簿适用的账户有哪些？

2. 对账的种类有哪些？

3. 错账的更正方法有哪些？各种方法的适用范围和更正方法有哪些？

巩固练习

一、单项选择题

1. 库存现金日记账由（　　）登记。
   A. 出纳人员
   B. 会计人员
   C. 会计主管
   D. 非出纳人员

2. 如果记账凭证所记金额未错，但所用科目错误，并已登记入账，更正方法是（　　）。
   A. 划线更正法
   B. 补充登记法
   C. 红字更正法
   D. 冲减登记法

3. 总账和明细账的相同点是（　　）。
   A. 试算平衡的方法相同
   B. 登记的依据完全相同
   C. 反映的经济业务内容相同
   D. 提供指标的详细程度相同

4. 固定资产明细账外表形式一般采用（　　）。
   A. 三栏式
   B. 数量金额式
   C. 多栏式
   D. 卡片式

5. 制造费用明细账账页格式一般采用（　　）。
   A. 三栏式
   B. 数量金额式
   C. 多栏式
   D. 卡片式

6. 原材料总账账页格式一般采用（　　）。
   A. 三栏式
   B. 数量金额式
   C. 多栏式
   D. 卡片式

7. 原材料明细账账页格式一般采用（　　）。
   A. 三栏式

B. 数量金额式

C. 多栏式

D. 卡片式

8. 活页式账簿主要适用于（　　）。

A. 特种日记账

B. 普通日记账

C. 总分类账

D. 明细分类账

二、多项选择题

1. 对账中，账账核对的内容有（　　）。

A. 总分类账户本月借方发生额与贷方发生额合计相核对

B. 总分类账户的余额与其所属的明细分类账户余额之和相核对

C. 库存现金日记账余额与库存现金总账户余额相核对

D. 银行存款日记账余额与银行存款总账账户余额相核对

E. 会计部门有关财产物资账与保管部门或使用部门账相核对

2. 任何会计主体都必须设置的账簿有（　　）。

A. 日记账

B. 辅助账簿

C. 总分类账簿

D. 备查账簿

E. 明细分类账

3. 账簿按用途可分为（　　）。

A. 序时账簿

B. 分类账簿

C. 备查账簿

D. 卡片式账簿

E. 订本式账簿

4. 总分类账户和明细分类账户平行登记的要点有（　　）。

A. 总账和所属的明细账登记的会计期间相同

B. 总账和所属的明细账登记的方向相同

C. 总账账户登记的借方金额与所属的明细账账户登记的借方金额之和相等

D. 总账账户登记的贷方金额与所属的明细账账户登记的贷方金额之和相等

E. 总账账户登记的余额与所属的明细账账户登记的余额之和相等

5. 对账是企业会计核算的一项重要工作，通过对账，企业应当做到（　　）。

A. 账证相符

B. 账账相符

C. 账款相符
D. 账表相符
E. 账实相符

三、判断题

1. 登记账簿必须用蓝黑墨水书写，不得使用圆珠笔、铅笔书写，更不能用红色墨水写。
（　　）

2. 各种凭证不得随意涂改、刮擦、挖补，若填写错误，应采用红字更正法予以更正。
（　　）

3. 总分类账的格式一般是借、贷、余三栏式。（　　）
4. 总分类账及其明细分类账必须在同一会计期间内登记。（　　）
5. 固定资产明细账一般采用订本账。（　　）

四、计算分析题

东风机械制造厂2018年4月的"库存商品"总账和明细账账户资料如图6-1至图6-4所示：

借方	库存商品（总账）	贷方
期初余额 60 000 发生额 40 000		发生额 50 000
期末余额		

图6-1　库存商品（总账）

借方	库存商品——A	贷方
期初余额 10 000 发生额_____		发生额 15 000
期末余额		

图6-2　库存商品——A

借方	库存商品——B	贷方
期初余额_____ 发生额_____		发生额 15 000
期末余额 20 000		

图6-3　库存商品——B

借方	库存商品——C	贷方
期初余额_____ 发生额 10 000		发生额_____
期末余额 20 000		

图 6-4　库存商品——C

要求：

（1）列出总账与明细账的试算平衡公式。

（2）根据总账与明细账平行登记的原理，将上述账户（见图 6-1 至图 6-4）中的空缺数字填上，"库存商品"总账包括 A、B、C 三个明细分类账户，明细账的数量从略。

第七章

账务处理程序与会计组织

学习目标

通过本章学习，了解账务处理程序的含义和组织会计工作的意义和原则、会计规范体系的内容，熟练掌握科目汇总表账务处理程序。

导入案例

王华大学毕业后到一家大型连锁超市工作，工作几年后，调到一家新开大型连锁店做财务经理，公司要求他根据新开店的特点制定一套账务处理程序和相关的财务制度，你认为他应该怎么做？

第一节 账务处理程序概述

一、账务处理程序的含义

账务处理程序是指记账和产生会计信息的步骤和方法。会计凭证、会计账簿和会计报表都是会计信息的载体，而凭证、账簿和报表之间的一定的组织形式，就形成了不同的账户处理程序。

二、合理组织账户处理程序的要求

账户处理程序是做好会计工作的一个重要前提。账户处理程序的设计应符合以下三个要求：

(1) 适合本单位规模和经济业务繁简程度的要求。
(2) 要能正确、完整、及时提供本单位的会计信息，满足报表信息使用者的要求。
(3) 要尽可能提高会计工作的效率，节约账务处理的时间及费用。

三、账户处理程序的种类

目前主要的账户处理程序有：记账凭证账户处理程序、汇总记账凭证账户处理程序、科目汇总表账户处理程序、多栏式日记账账户处理程序和日记总账账户处理程序。最常用的是科目汇总表账户处理程序。

第二节　科目汇总表账务处理程序

一、科目汇总表账户处理程序的特点和步骤

科目汇总表账户处理程序的特点是根据记账凭证定期编制科目汇总表，然后根据科目汇总表登记总分类账。

科目汇总表账户处理程序的基本步骤如下：
（1）根据原始凭证或原始凭证汇总表，填制记账凭证；
（2）根据记账凭证及所附原始凭证逐笔顺序登记库存现金日记账和银行存款日记账；
（3）根据记账凭证和原始凭证或原始凭证汇总表，逐笔登记明细分类账；
（4）根据记账凭证，定期编制科目汇总表；
（5）根据科目汇总表登记总分类账；
（6）定期核对总账、明细账和分类账；
（7）期末，根据总账和明细账编制报表。

二、科目汇总表账户处理程序举例

（一）资料

蓝华公司2018年5月初各类总账账户余额如表7-1所示。

表7-1　蓝华公司总账账户余额表　　　　　　　　　单位：元

账户名称	余额	账户名称	余额
银行存款	10 000	累计折旧	10 000
库存现金	5 000	坏账准备	5 000
原材料	20 000	短期借款	10 000
库存商品	30 000	长期借款	20 000
生产成本	10 000	应付账款	40 000
应收账款	10 000	应交税费	5 000
固定资产	100 000	利润分配	95 000

该公司5月初"原材料"明细账余额如下：甲材料，共100千克，每千克50元，金额5 000元；乙材料，共100千克，每千克150元，金额15 000元。

该公司5月发生如下业务：

(1) 2日，购入甲材料100千克，每千克50元，用银行存款支付货款和进项税5 650元。材料已经验收入库。

(2) 4日，生产领用甲材料150千克，每千克50元。

(3) 6日，销售产品200件，每件售价200元，货款40 000元和增值税5 200元收到并存入银行。

(4) 31日，结转本月应付职工工资20 000元，其中，生产工人工资10 000元，车间管理人员工资6 000元，厂部管理人员工资4 000元。

(5) 31日，提取本月固定资产折旧1 000元，其中，生产车间固定资产折旧800元，厂部管理部门固定资产折旧200元。

(6) 31日，结转本月制造费用。

(7) 31日，本月月初和本月产品全部完工，结转完工产品成本。

(8) 31日，结转已售产品成本（单位成本170元）。

(9) 31日，结转损益类账户到本年利润。

(10) 31日，按照25%的所得税税率计算所得税，并结转到本年利润，同时将本年利润结转到利润分配。

(11) 31日，按照净利润的10%提取法定盈余公积。

(12) 根据上述资料，按照时间顺序编制会计分录（记账凭证表省略）

记字1　借：原材料——甲　　　　　　　　　　　　　5 000
　　　　　　应交税费——应交增值税（进项税额）　　650
　　　　　　　贷：银行存款　　　　　　　　　　　　　5 650

记字2　借：生产成本　　　　　　　　　　　　　　　7 500
　　　　　　　贷：原材料　　　　　　　　　　　　　　7 500

记字3　借：银行存款　　　　　　　　　　　　　　　45 200
　　　　　　　贷：主营业务收入　　　　　　　　　　　40 000
　　　　　　　　　应交税费——应交增值税（销项税额）5 200

记字4　借：生产成本　　　　　　　　　　　　　　　10 000
　　　　　　制造费用　　　　　　　　　　　　　　　6 000
　　　　　　管理费用　　　　　　　　　　　　　　　4 000
　　　　　　　贷：应付职工薪酬　　　　　　　　　　　20 000

记字5　借：制造费用　　　　　　　　　　　　　　　800
　　　　　　管理费用　　　　　　　　　　　　　　　200
　　　　　　　贷：累计折旧　　　　　　　　　　　　　1 000

记字6　借：生产成本　　　　　　　　　　　　　　　6 800
　　　　　　　贷：制造费用　　　　　　　　　　　　　6 800

记字7　借：库存商品　　　　　　　　　　　　　　　34 300

　　　　　　　贷：生产成本　　　　　　　　　　　　　34 300
记字 8　　借：主营业务成本　　　　　　　　　　　34 000
　　　　　　　贷：库存商品　　　　　　　　　　　　　34 000
记字 9－1　借：主营业务收入　　　　　　　　　　　40 000
　　　　　　　贷：本年利润　　　　　　　　　　　　　40 000
记字 9－2　借：本年利润　　　　　　　　　　　　　38 200
　　　　　　　贷：主营业务成本　　　　　　　　　　　34 000
　　　　　　　　　管理费用　　　　　　　　　　　　　4 200
记字 10－1　借：所得税费用　　　　　　　　　　　　450
　　　　　　　贷：应交税费　　　　　　　　　　　　　450
记字 10－2　借：本年利润　　　　　　　　　　　　　450
　　　　　　　贷：所得税费用　　　　　　　　　　　　450
记字 10－3　借：本年利润　　　　　　　　　　　　　1 350
　　　　　　　贷：利润分配　　　　　　　　　　　　　1 350
记字 11　　借：利润分配　　　　　　　　　　　　　135
　　　　　　　贷：盈余公积　　　　　　　　　　　　　135

　　在上述记账凭证所反映的会计分录编制完成，审核无误后，即可根据记账凭证登记有关日记账，同时可以根据期初资料和记账凭证登记原材料等明细账。

（二）根据记账凭证编制科目汇总表，如表 7－2 所示

表 7－2　科目汇总表

2019 年 5 月 1 日至 2019 年 5 月 31 日

会计科目	账目页数	本期发生额		记账凭证号
		借方	贷方	
银行存款		45 200	5 650	记字 1、记字 3
原材料		5 000	7 500	记字 1、记字 2
库存商品		34 300	34 000	记字 7、记字 8
生产成本		24 300	34 300	记字 2、记字 4、记字 6、记字 7
累计折旧			1 000	记字 5
应付职工薪酬			20 000	记字 4
应交税费		650	5 650	记字 1、记字 3、记字 10－1
盈余公积			135	记字 11
利润分配		135	1 350	记字 10－3、记字 11
合计		109 585	109 585	

在上述科目汇总表编制完成后,即可以根据科目汇总表登记总账,并核对相关账目,并且可以根据总账和明细账编制报表。相关报表格式和报表项目的填列参考后续第八章内容。

(三) 根据总账和明细账编制报表

相关报表格式和报表项目的填列参考后续第八章内容。

上述科目汇总表账户处理程序是很多电算化软件也普遍采用的编程原理。在现实会计工作中,也可以通过电算化实现上述工作。电算化是相对于传统的手工会计而言的,是对会计技术的变革。随着计算机和网络技术的发展,会计技术也在发生变革。在会计工作中,我们可以通过电算化软件或者网络版的电算化来实现电算化会计工作。

第三节 会计工作组织

会计工作组织应当包括会计人员的配备、会计机构的设置、会计法规的制定与执行,以及会计档案的保存。

一、组织会计工作的意义

会计工作是一个复杂的过程,账户处理程序的有效组织也离不开周密的计划和安排。科学合理地组织会计工作,是高效完成会计工作的有力保证。

(一) 有利于保证会计工作质量,提高会计工作效率

只有严格按照会计工作制度、会计工作程序和方法,科学、合理地组织会计工作,才能保证会计工作各个环节在运行中有序地衔接、合理地组织,也才能保证会计工作有条不紊地进行。

(二) 可以保证会计工作和其他管理工作的协调性

会计工作和企业的其他管理工作有着密切的联系。一方面,会计工作职能的实现可以促进其他经济管理工作的不断完善,另一方面,会计工作也需要其他管理工作的有效配合。只有形成了严格系统的会计工作流程,才有可能做到这点。

二、组织会计工作的基本原则

(一) 遵循国家统一要求

我国会计法明确规定,国务院财政部门主管全国的会计工作,县级以上地方各级人民政府财政部门管理本行政区域内的会计工作。各企业、行政和事业单位组织会计工作必须符合国家会计工作的统一要求。

(二) 结合会计主体的特点

各个会计主体的特点不同,对会计信息的要求也不同。各个单位应结合自身的特点,在国家统一会计制度的指导下,制定适合本单位会计工作的、有特点的财务制度。

三、会计机构和会计人员

会计机构是各个会计主体从事会计工作的职能部门。会计机构的设置要与会计主体的规模相适应,体现分工协助的要求。各会计岗位分工负责、相互牵制、相互监督,从制度上防止各种失误或人为的舞弊。

会计人员是直接从事会计工作的相关人员。从事相应会计工作的会计人员应该取得相应的专业技能证书。我国的会计专业职务分为助理会计师、会计师、高级会计师。各会计主体对会计专业职务一般实行聘任制。我国会计法规定,担任单位会计机构负责人(会计主管人员)的,应当具备会计师以上专业技术职务资格或者从事会计工作3年以上经历。我国从1961年开始,在规模较大的国有企业中试行总会计师制度。总会计师是一个行政职务,不是会计人员的专业技术职务。总会计师必须是取得会计师任职资格后,主管一个单位或者单位内部一个重要方面的财务会计工作时间不少于3年的会计人员。

四、会计规范

会计规范是会计行为的约束标准。我国的会计规范体系分为三个层次:第一个层次是基本法,即会计法,它是会计工作的最高层次规范,是指导会计工作的根本大法,也是其他会计法规制定的根本依据;第二个层次是会计准则,它是根据会计法的要求由财政部制定的,具有又分为基本准则和具体准则;第三个层次是会计制度,它是我国企业会计核算工作的具体规范,是以会计法为依据,根据企业会计准则的要求,结合不同行业特点和企业经营管理的要求制定的。

本章小结

本章首先阐述了科目汇总表账户处理程序的核算程序,并举例进行了说明;其次阐述了组织会计工作的意义和原则,会计机构的设置规则和会计人员的配置规则;最后对会计规范体系进行了介绍。

本章练习题

一、单项选择题

1. 我国会计法规定,管理全国会计工作的部门是（   ）。
   A. 国务院   B. 财政部
   C. 审计署   D. 注册会计师协会
2. 在国有大中型企业中,领导和组织企业会计工作的是（   ）。
   A. 经理   B. 监事
   C. 董事   D. 总会计师
3. 我国会计规范的第一层次是（   ）。
   A. 会计法   B. 基本准则
   C. 具体准则   D. 企业会计制度
4. 担任单位会计机构负责人的,应当具备会计师以上专业技术职务或者从事会计工作（   ）。
   A. 2 年以上经历   B. 3 年以上经历
   C. 4 年以上经历   D. 5 年以上经历

二、多项选择题

1. 我国会计专业技术职务有（   ）
   A. 高级会计师   B. 会计师
   C. 助理会计师   D. 总会计师
2. 我国会计规范体系包括（   ）
   A. 会计法   B. 基本准则
   C. 具体准则   D. 会计制度

巩固练习

一、单项选择题

1. 各种账务处理程序之间的主要区别是（　　）。
   A. 总账的格式不同
   B. 根据总账编制会计报表的方法不同
   C. 登记总账的依据和方法不同
   D. 会计凭证的种类不同
2. 《会计档案管理办法》规定，会计档案销毁清册的保管期限为（　　）。
   A. 15 年
   B. 25 年
   C. 3 年
   D. 永久保管
3. 科目汇总表账务处理程序的特点是（　　）。
   A. 根据科目汇总表登记总分类账
   B. 根据记账凭证直接登记总分类账
   C. 根据汇总记账凭证登记总分类账
   D. 根据科目汇总表编制报表
4. 各单位每年形成的会计档案，都应由本单位（　　）负责整理立卷，装订成册，编制会计档案保管清册。
   A. 财务会计部门
   B. 档案部门
   C. 人事部门
   D. 指定人员
5. 我国会计规范体系中的最高层次是（　　）。
   A. 具体会计准则
   B. 基本会计准则
   C. 会计制度
   D. 会计法

二、多项选择题

1. 会计规范体系具体包括（　　）等几个层次。
   A. 会计法律
   B. 会计行政法规
   C. 会计规章

D. 会计准则

E. 会计制度

2. 会计电算化系统与手工会计系统的共同点表现为（　　）。

A. 基本原理相同

B. 会计的目标相同

C. 所依据的会计理论和方法相同

D. 应遵循的会计法规和准则相同

E. 所有程序完全相同

3. 会计专业技术职务包括（　　）。

A. 中级会计师

B. 高级会计师

C. 初级会计师

D. 注册会计师

E. 总会计师

4. 会计主管部门包括（　　）。

A. 财政部

B. 财政厅

C. 财政局

D. 省人民政府

E. 市人民政府

5. 会计主体的财务人员可能包括（　　）。

A. 出纳人员

B. 销售人员

C. 主管会计

D. 财务总监

E. 记账人员

三、判断题

1. 采用科目汇总表账务处理程序，可以减少登记总账的工作量，但不便于了解账户之间的对应关系。（　　）

2. 科目汇总表账务处理程序，以科目汇总表为登记总账的依据。（　　）

3. 我国的《企业会计准则》是由全国人民代表大会及其常务委员会制定并颁布的。（　　）

4. 按照我国会计制度的规定，企业的月度、季度、年度会计报表保管的期限为 3 年。（　　）

5. 总会计师属于会计专业技术职务。（　　）

四、综合题

资料：东风工厂 6 月份发生以下经济业务（该企业缴纳增值税，增值税税率为 13%）：

(1) 接受国家投入的设备 200 000 元，已交付使用。
(2) 向某银行借入为期 6 个月的借款 60 000 元，已转存银行存款户。
(3) 以银行存款偿还短期借款 50 000 元，利息 2 500 元，其中 1 500 元利息已经预提。
(4) 向红光工厂赊购甲材料一批，价款 15 000 元，增值税税款 1 950 元。材料已验收入库。
(5) 本月发出材料，其中，为生产 A 产品用甲材料 12 000 元，为生产 B 产品用乙材料 25 000 元，车间一般耗费乙材料 1 600 元。
(6) 结算本月工资，其中，车间 A 产品生产工人工资 30 000 元，车间 B 产品生产工人工资 20 000 元，车间管理人员工资 10 000 元，厂部管理人员工资 20 000 元。
(7) 以现金支票支付厂部办公电话费 1 200 元。
(8) 提取现金 80 000 元备发工资。
(9) 以现金支付下季度报纸杂志费 300 元。
(10) 计提本月固定资产折旧 6 500 元，其中车间 5 000 元，管理部门 1 500 元。
(11) 分配结转本月制造费用 18 000 元（按生产工人工资比例分配）。
(12) 本月 A 产品、B 产品全部完工，结转完工产品成本。
(13) 本月销售产品取得销售收入 125 000 元，货款已收存银行。结转 A 产品销售成本 65 000 元，B 产品销售成本 35 000 元。
(14) 以现金支票支付本月销售费用 4 000 元。
(15) 计算本月应交消费税税金及附加 1 500 元。
(16) 收到本月罚款收入 3 000 元，已存入银行。
(17) 将损益类账户本月的发生额结转到本年利润账户。
(18) 计算结转本月应交所得税（所得税税率按当月利润总额的 25% 计算）。

要求：
(1) 根据经济业务编制相应会计分录。
(2) 编制本月的科目汇总表。

第八章

财务报告

学习目标

通过本章学习，了解财务报告的作用和构成体系，掌握财务报表的分类；掌握资产负债表、利润表的编制方法，加深对企业会计目标的认识和理解；了解现金流量表报表项目的构成。

导入案例

王经理与两位朋友共同出资创办了一家快递公司，随着业务的扩大，在其他2个城市又开设了2家分公司，总公司和分公司业务都较多，王经理想：照这样经营下去，一年后使每个投资人分到一笔红利肯定没问题。他哪里想到，经营到10个月左右的时候，会计告诉他得赶快筹钱，否则这个月不仅发不出来工资，而且基本的经营费用都无法支付。出纳说："账面上仅剩下8万元的现金和银行存款。"什么？原来投资的现金就有60万元，现在就剩8万元？另外，这10个月赚的钱呢？显然，王经理不信。结果，他去查看库存现金和银行存款账，发现账面结余确实如会计所说。他一脸疑惑，钱去了哪里？他问会计："从营业到现在收入是多少？利润多少？"会计说："你们不是交代过了吗，只要把现金和银行存款账记好就可以了，并且按时纳税，会计报表编不编都无所谓。所以，我现在没有办法回答你。"

会计说得有道理吗？你能给他解释编制报表对企业管理的作用吗？根据会计基本等式的原理，你大概会编制简单的资产负债表，但对企业财务报表的种类、编制要求、基本内容和格式等问题，可能还缺乏深入的认识。希望通过本章的学习，你能有所收获。

第一节 财务报告概述

一、财务报告的概念

财务报告是指企业对外提供的反映企业某一特定日期的财务状况和某一会计期间的经营

成果、现金流量等会计信息的文件。

财务报告至少包括以下几层含义：

（1）财务报告应当是对外报告，其服务对象主要是投资者、债权人等外部使用者，专门为了内部管理需要的报告不属于财务报告的范畴；

（2）财务报告应当综合反映企业的生产经营状况，包括某一时点的财务状况和某一时期的经营成果与现金流量等信息，以勾画出企业经营情况的整体和全貌；

（3）财务报告必须形成一套系统的文件，不应是零星的或者不完整的信息。

二、财务报告的内容

财务报告包括财务报表和其他应当在财务报告中披露的相关信息和资料。财务报表由三张主表和相关附表组成，是财务报告的核心内容。财务报告体系的内容如图8-1所示。

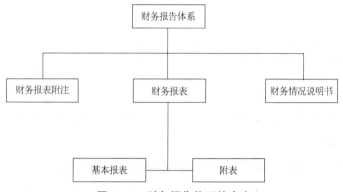

图8-1 财务报告体系的内容

三、财务报表的意义

财务报表是指在日常核算资料基础上，总括反映会计主体在一定时期的财务状况和经营成果的表式报告文件。编制财务报表是会计核算的专门方法之一，也是会计工作的一项重要内容。

编制财务报表，能为各方面的使用者提供详简适度的会计信息，便于他们作出正确的决策。其作用主要表现在以下几方面：

（1）为企业的投资者（潜在的投资者）和债权人（潜在的债权人）进行正确的投资决策和贷款决策提供会计信息。

（2）为国家经济管理部门进行有效的管理提供会计信息。

（3）为企业经营管理者评价经营业绩、改善经营管理提供会计信息。

四、财务报表的种类

不同性质的会计主体，其财务报表的种类不尽相同。对企业来说，为了便于编制和运用财务报表，应对财务报表进行分类。财务报表可以按照以下不同的标准进行分类。

(一) 财务报表按其反映的经济内容分类

1. 反映财务状况的财务报表

用来总括反映企业财务状况及其变动情况的财务报表,包括资产负债表、现金流量表等。

2. 反映财务成果的财务报表

用来总括反映企业在一定时期内经营过程中收入和业务成果的财务报表,如利润表等。

3. 反映成本费用的财务报表

用来总括反映企业生产经营过程中各项费用支出和成本形成情况的财务报表,如商品产品成本表、制造费用明细表等。

(二) 财务报表按其编制时间分类

1. 月份财务报表

月份财务报表简称月报,它是反映企业本月经营成果与月末财务状况的报表,每月编制一次,如资产负债表、利润表等。

2. 季度财务报表

季度财务报表简称季报,是反映一个季度的经营成果与季末财务状况的报表。

3. 年度财务报表

年度财务报表简称年报,是反映企业全年的经营成果和年末的财务状况以及年内现金流量情况的报表。

(三) 财务报表按其报送的对象分类

1. 对外财务报表

对外财务报表是指对企业外部有关方面提供的财务报表,包括资产负债表、利润表、所有者权益变动表和现金流量表等。这些报表可用于企业内部管理,但更偏向于满足现在和潜在投资者、贷款人、供应商和其他债权人、顾客、政府机构、社会公众等外部使用者的信息要求,这类报表一般有统一的格式和编制要求。

2. 对内财务报表

对内财务报表指为企业内部服务、向企业管理者提供的财务报表。这类报表主要用于企业内部成本控制、定价决策、投资或筹资方案的选择等,无规定的格式、种类。

(四) 财务报表按其所包括会计主体的范围分类

1. 个别财务报表

个别财务报表是指只反映投资企业本身的经营成果和财务状况等方面情况的财务报表。

2. 合并财务报表

合并财务报表指在企业对外单位的投资占被投资单位资本总额半数以上的情况下,将被投资单位与本企业视为一个整体而编制的财务报表。它反映投资企业与被投资单位作为一个整体的经营成果、财务状况等。

(五) 财务报表按其编制单位分类

1. 单位财务报表

单位财务报表是指由独立核算的基层单位，根据账簿记录和其他有关资料编制的财务报表。

2. 汇总财务报表

汇总财务报表是指由上级主管部门根据所属单位上报的财务报表并汇总单位本身的财务报表而编制，以反映某个主管部门或地区的综合性指标的财务报表。

(六) 财务报表按其反映资金运动状况分类

1. 静态财务报表

静态财务报表反映从某一时点或时日企业资金的运动。

2. 动态财务报表

动态财务报表反映从某一时期企业资金的运动。

五、财务报表的编制要求

为了充分发挥财务报表的作用，保证财务报表质量，在编制财务报表时，应符合以下基本要求：

(一) 数字真实

根据客观性原则，企业财务报表所填列的数字必须真实可靠，能准确地反映企业的财务状况和经营成果。不得以估计数字填列会计报表，更不得弄虚作假、篡改伪造数字。

(二) 计算准确

财务报表上的各项指标，都必须按《企业会计准则》和《企业会计制度》中规定的口径填列，不得任意删减或增加。凡须经计算填列的指标，应按以上两个制度所规定的公式计算填列。

(三) 内容完整

财务报表中各项指标和数据是相互联系、相互补充的，必须按规定填列齐全、完整。不论主表、附表或补充资料，都不能漏填、漏报。各财务报表之间、项目之间，凡有对应关系的项目的数据，应该相互一致，做到表表相符。

(四) 报送及时

企业应按规定的时间编报财务报表，及时逐级汇总，以便报表的使用者及时、有效地利用财务报表资料。

第二节 资产负债表

一、资产负债表的意义

资产负债表是总括反映企业在特定日期财务状况的报表,它是根据会计等式设立的。通过资产负债表,可以了解下列会计信息:

(1) 企业所拥有的各项经济资源(资产)及其分布情况,据此分析企业资产结构的合理性。

(2) 企业所负担的债务(短期负债和长期负债)及构成,据此分析企业的偿债能力和支付能力;

(3) 企业所有者在企业拥有的权益,并结合负债分析企业资本结构的合理性和面临的财务风险。

(4) 通过对前后各期资产负债对比,了解企业资金结构的变化,据此分析企业财务状况的变化情况及变化趋势。

二、资产负债表的格式和结构

(一) 资产负债表的格式

资产负债表的表体格式一般有两种,即报告式和账户式。

报告式资产负债表,是将资产、负债、所有者权益项目采用垂直形式分别列示。

账户式资产负债表,是按照分类账户的格式,将资产列示在报表的左方,负债和所有者权益列示在报表的右方。在我国,资产负债表按账户式反映,通常包括表头、表身和表尾,其格式如表 8-1 所示。

表 8-1 资产负债表(账户式)　　　　　　　　单位:元

资产	行次	金额	负债及所有者权益	行次	金额
流动资产 长期投资 固定资产 无形资产 其他资产			流动负债 长期负债 负债合计 实收资本 资本公积 盈余公积 未分配利润 所有者权益合计		
资产总计			负债与所有者权益总计		

（二）资产负债表的结构

资产负债表是依据"资产＝负债＋所有者权益"这一会计等式的基本原理设置的，分为左右两方。左方反映企业所拥有的全部资产，右方反映企业的负债和所有者权益。根据会计等式的基本原理，左方的资产总额等于右方的负债和所有者权益的总额。

1. 资产类项目

资产类项目按其流动性程度的高低顺序和变现能力的强弱排列，分别列示流动资产、长期投资、固定资产、无形资产及其他资产等。

2. 负债类项目

负债类项目按其偿还期限由近至远的顺序排列，分别列示流动负债、长期负债。

3. 所有者权益类项目

所有者权益类项目按其永久性递减的顺序排列，分别列示实收资本、资本公积、盈余公积、未分配利润。

三、资产负债表的基本编制方法

资产负债表是根据各有关总分类账户和明细分类账户的期末余额填列。具体编制方法有：

（一）根据总分类账户的期末余额直接填列

如"短期借款"项目，根据"短期借款"总分类账户期末余额直接填列；"资本公积"项目，根据"资本公积"总账科目的余额直接填列。

（二）根据几个总分类账户的期末余额合计数填列

如"预收账款"项目，根据"应收账款"和"预收账款"总分类账所属各明细分类账户的期末贷方余额填列。另外，还有"应付账款"和"预付账款"等项目的填列也是类似。

（三）根据明细分类账户的期末余额填列

如"货币资金"项目，根据"库存现金""银行存款""其他货币资金"账户的期末余额的合计数填列。

（四）根据依总分类账户和明细分类账户的期末余额分析计算填列

资产负债表上某些项目不能根据有关总账的期末余额直接或计算填列，也不能根据有关账户所属相关明细账的期末余额填列，需要根据总账和明细账余额分析计算填列，如"长期借款""应付债券""长期应付款"等项目，应根据各总账期末余额扣除各总账所属明细账中一年内到期的长期负债部分分析计算填列。

（五）根据有关科目余额与其备抵科目余额抵销后的净额填列

如"固定资产"项目，根据"固定资产"科目的期末余额减去"累计折旧""固定资产减值准备"等备抵科目的期末余额后的金额填列；"长期股权投资"项目，根据"长期股权投资"科目的期末余额减去"长期股权投资减值准备"备抵科目的期末余额后的金额填列。

【例 8-1】 甲公司 2018 年年末有关科目资料如表 8-2 所示。

表 8-2 甲公司 2018 年 12 月 31 日有关账户余额表　　　　　　单位：元

账户名称	借方余额	贷方余额	账户名称	借方余额	贷方余额
库存现金	70 000		短期借款		235 000
银行存款	250 000		应付票据		220 000
其他货币资金	205 000		应付账款		500 000
交易性金融资产	25 000		预收账款		20 000
应收票据	35 000		应付职工薪酬		135 000
应收股利	35 000		应收股利		120 000
应收利息	10 000		应交税费		45 000
应收账款	356 000		其他应付款		35 000
坏账准备		6 000	长期借款		500 000
预付账款	60 000		实收资本		1 500 000
其他应收款	10 000		资本公积		89 000
原材料	350 000		盈余公积		256 000
库存商品	165 000		利润分配		125 000
生产成本	185 000				
债权投资	350 000				
长期股权投资	140 000				
长期股权投资减值准备		20 000			
固定资产	2 000 000				
累计折旧		650 000			
在建工程	120 000				
无形资产	90 000				

以上资料中有三个账户，经查明应在列表时按规定予以调整：在"应收账款"账户中有明细账贷方余额 10 000 元；在"应付账款"账户中有明细账借方余额 20 000 元；在"预付账款"账户中有明细账贷方余额 5 000 元。

现将上列资料经归纳分析后填入资产负债表，具体如下：

(1) 将"库存现金""银行存款""其他货币资金"科目余额合并列入"货币资金"项目，共计 525 000 (70 000 + 250 000 + 205 000 = 525 000) 元；

(2) 将"坏账准备"项目 6 000 元从"应收账款"项目中减去；将"应收账款"明细账中的贷方余额 10 000 元列入"预收账款"项目。计算结果："应收账款"项目的账面价值为 360 000 (356 000 - 6 000 + 10 000 = 360 000) 元；预收账款项目为 30 000 (20 000 + 10 000 = 30 000) 元。

(3)将"应付账款"明细账中的借方余额 20 000 元列入"预付账款"项目;将"预付账款"账户明细账中的贷方余额 5 000 元"列入应付账款"项目。计算结果:"预付账款"项目的余额为 85 000(60 000 + 20 000 + 5 000 = 85 000)元,"应付账款"项目的余额为 525 000(500 000 + 20 000 + 5 000 = 525 000)元。

(4)将"原材料""库存商品""生产成本"及其他存货账户余额合并为"存货"项目,共计 700 000(350 000 + 165 000 + 185 000 = 700 000)元。

(5)从"长期股权投资"账户中减去"长期股权投资减值准备"20 000 元,"长期股权投资"项目的余额为 120 000(140 000 - 2 0000 = 120 000)元;从"固定资产"账户中减去"累计折旧"650 000 元,固定资产项目余额为 1 350 000(2 000 000 - 650 000 = 1 350 000)元。

(6)其余各项目按账户余额表数字直接填入报表。

现试编该企业资产负债表,如表 8 - 3 所示。

表 8 - 3 资产负债表

编制单位:甲公司　　　　2018 年 12 月 31 日　　　　　　　　　　　　　　单位:元

资产	期末余额	上半年末余额	负债和所有者权益(或股东权益)	期末余额	上半年末余额
流动资产:			流动负债:		
货币资金	525 000		短期借款	235 000	
交易性金融资产	25 000		交易性金融负债	0	
应收票据	35 000		应付票据	220 000	
应收账款	360 000		应付账款	252 000	
应付账款	85 000		预收账款	30 000	
应收利息	10 000		应付职工薪酬	135 000	
应收股利	35 000		应收税费	45 000	
其他应收款	10 000		应付利息	0	
存货	700 000		应付股利	120 000	
一年内到期的非流动资产	0		其他应付款	35 000	
其他流动资产	0		一年内到期的非流动	0	
流动资产合计	1 785 000		负债		
非流动资产:			其他流动负债	0	
债权投资	350 000		流动负债合计	1 345 000	
其他债权投资	0		非流动负债:		

续表

资产	期末余额	上半年末余额	负债和所有者权益（或股东权益）	期末余额	上半年末余额
长期应收款	0		长期借款	500 000	
长期股权投资	120 000		应付债券	0	
投资性房地产	0		长期应付款	0	
固定资产	1 350 000		预计负债	0	
在建工程	120 000		其他非流动负债	0	
工程物资	0		非流动负债合计	500 000	
无形资产	90 000		负债合计	1 845 000	
商誉	0		所有者权益：		
长期待摊费用	0		实收资本	1 500 000	
递延所得税资产	0		资本公积	89 000	
其他非流动资产	0		盈余公积	256 000	
非流动资产合计	2 030 000		未分配利润	125 000	
			所有者权益合计	1 970 000	
资产总计	3 815 000		负债和所有者权益总计	3 815 000	

第三节　利润表

一、利润表的意义

利润表，是总括反映企业在一定时期（年度、季度或月份）内经营成果的会计报表，用以反映企业一定时期内利润（或亏损）的实际情况。

利润表可以提供的信息有：

（1）企业在一定时期内取得的全部收入，包括营业收入、投资收益和营业外收入。

（2）企业在一定时期内发生的全部费用和支出，包括营业成本、销售费用、管理费用、财务费用和营业外支出。

（3）全部收入与支出相抵后计算出企业一定时期内实现的利润（或亏损）总额。

通过利润表可以了解企业利润（或亏损）的形成情况，据以分析、考核企业经营目标及利润计划的执行结果，分析企业利润增减变动的原因，以促进企业改善经营管理，不断提高管理水平和盈利水平；通过利润表可以评价对企业投资的价值和报酬，判断企业的资本是否保全；根据利润表提供的信息可以预测企业在未来期间的经营状况和盈利趋势。

二、利润表的结构

利润表一般包括表首、正表两部分。其中，表首概括说明报表名称、编制单位、编制日期、报表编号、货币名称、计量单位；正表是利润表的主体，反映形成经营成果的各个项目和计算过程。

正表的格式一般有两种：单步式利润表和多步式利润表。单步式利润表是将当期所有的收入列在一起，然后将所有的费用列在一起，两者相减得出当期净损益。多步式利润表是通过对当期的收入、费用、支出项目按性质加以归类，按利润形成的主要环节列示一些中间性的利润指标，如营业利润、利润总额、净利润，分步计算当期净损益。利润表的格式如表8-4所示。

表8-4 利润表　　　　　　会企02表

编制单位：　　　　　　　　　　　　年　月　　　　　　　　　　　　单位：元

项目	本期金额	上期金额
一、营业收入		
减：营业成本		
税金及附加		
销售费用		
管理费用		
财务费用		
资产减值损失		
加：公允价值变动收益（损失以"-"号填列）		
投资收益（损失以"-"号填列）		
其中：对联营企业和合并企业的投资收益		
二、营业利润（亏损以"-"号填列）		
加：营业外收入		
减：营业外支出		
其中：非流动资产处置损失		
三、利润总额（净亏损以"-"号填列）		
减：所得税费用		
四、净利润		
五、每股收益：		
（一）基本每股收益		
（二）稀释每股收益		

注意：为了清楚地反映各项指标的报告期数及从年初到报告期为止的累计数，在利润表中应分别设置"本期金额"和"上期金额"两栏。

三、利润表的编制方法

利润表的填列方法可归纳为以下两种：

（1）根据账户的发生额分析填列。利润表中的大部分项目可以根据账户的发生额分析填列，如销售费用、税金及附加、管理费用、财务费用、营业外收入、营业外支出、所得税等。

（2）根据报表项目之间的关系计算填列。利润表中的某些项目需要根据项目之间的关系计算填列，如营业利润、利润总额、净利润等。

【例 8-2】甲公司 2018 年度利润表有关科目的累计发生额如表 8-5 所示。

表 8-5 利润表有关科目累计发生额

单位：元

科目名称	借方发生额	贷方发生额
主营业务收入		12 500 000
其他业务收入		230 000
投资收益		3 200 000
营业外收入		2 850 000
主营业务成本	8 500 000	
税金及附加	550 000	
其他业务成本	0	
销售费用	200 000	
管理费用	1 050 000	
财务费用	1 000 000	
资产减值损失	20 000	
营业外支出	2000 000	
所得税费用	180 000	

根据以上账户记录，编制甲公司 2018 年度利润表，如表 8-6 所示。

表 8-6 利润表　　　　　　　　　　　会企02表

编制单位：甲公司　　　　　2018 年　　　　　　　单位：元

项目	本年累计数	上年累计数
一、营业收入	12 730 000	
减：营业成本	8 500 000	
税金及附加	550 000	

续表

项目	本年累计数	上年累计数
销售费用	200 000	
管理费用	1 050 000	
财务费用	1 000 000	
资产减值损失	20 000	
加：公允价值变动收益（损失以"-"号填列）	0	
投资收益（损失以"-"号填列）	3 200 000	
其中：对联营企业和合并企业的投资收益		
二、营业利润（亏损以"-"号填列）	4 610 000	
加：营业外收入	2 850 000	
减：营业外支出	2 000 000	
其中：非流动资产处置损失	0	
三、利润总额（净亏损以"-"号填列）	5 460 000	
减：所得税费用	180 000	
四、净利润	5 280 000	
五、其他综合收益的税后净额	略	
六、综合收益总额		
七、每股收益		
（一）基本每股收益		
（二）稀释每股收益		

第四节 现金流量表

一、现金流量表的作用

现金流量表是以收付实现制为编制基础，反映企业在一定时期内现金收入和现金支出情况的报表。

现金管理已成为企业财务管理的一个重要方面，其作用体现在以下几个方面：

（1）有助于评价企业支付能力、偿债能力和周转能力，以对外部资金的需求情况做出正确的判断。

（2）有助于预测企业未来现金流量和企业未来的发展情况等。

（3）有助于分析企业收益质量及影响现金净流量的因素，可以对企业整体财务状况做出客观评价。

二、现金流量表的概念及其分类

（一）现金流量表的概念

现金流量表是指反映企业在一定会计期间经营活动、投资活动和筹资活动对现金及现金等价物产生影响的会计报表。编制现金流量表的主要目的是为报表使用者提供企业一定会计期间内现金流入和流出的有关信息，揭示企业的偿债能力和变现能力。为更好地理解和运用现金流量表，必须正确界定如下概念：

1. 现金

现金指企业库存现金及可随时用于支付的存款。应注意的是，银行存款和其他货币资金中有些不能随时用于支付的存款，如不能随时支取的定期存款等，不应作为现金，而应列作投资；提前通知金融企业便可支取的定期存款，则应包括在现金范围内。

2. 现金等价物

现金等价物指企业持有的期限短、流动性强、易于转化为已知金额现金、价值变动风险很小的投资。一项投资被确认为现金等价物必须同时具备四个条件：期限短、流动性强、易于转化为已知金额现金、价值变动风险很小。其中，期限较短一般是指从购买日起三个月内到期，例如可在证券市场上流通的三个月后到期的短期债券投资等。

3. 现金流量

现金流量指企业现金和现金等价物的流入和流出。应该注意的是，企业现金形式的转换不会产生现金的流入和流出，如企业从银行提取现金，是企业现金存放形式的转换，并未流出企业，不构成现金流量；同样，现金和现金等价物之间的转换也不属于现金流量，比如，企业用现金购买将于三个月后到期的国库券。

（二）现金流量的分类

1. 经营活动产生的现金流量

经营活动产生的现金流量是指企业投资活动和筹资活动以外的所有交易和事项所导致的现金收入和支出。

（1）经营活动所产生的现金收入，包括出售产品、商品或提供劳务等取得的现金收入。

（2）经营活动所产生的现金支出，包括购买材料、商品，以及支付职工劳动报酬发生的现金支出，各项制造费用、期间费用支出，税款等支出。

2. 投资活动产生的现金流量

投资活动产生的现金流量是指企业在投资活动中所导致的现金收入和支出。

（1）投资活动所产生的现金收入，包括收回投资、出售固定资产净收入等。

（2）投资活动所产生的现金支出，包括对外投资、购买固定资产等。

3. 筹资活动产生的现金流量

筹资活动产生的现金流量是指企业在筹资活动中所导致的现金收入和支出。

(1) 筹资活动所产生的现金收入，包括发行债券、取得借款、增加股本（增发股票）等。

(2) 筹资活动所产生的现金支出，包括偿还借款、清偿债务、支付现金股利等。

三、现金流量表的编制

编制现金流量表的时候，经营活动现金流量有两种列示方法：一为直接法，二为间接法。这两种方法通常也称为现金流量表的编制方法。直接法是通过现金收入和支出的主要类别反映来自企业经营活动的现金流量。一般以利润表中的营业收入为起点，调整与经营活动有关项目的增减变动，然后计算出经营活动的现金流量。间接法是以本期净利润为起点，调整不涉及现金的收入、费用、营业外收支以及有关项目的增减变动，据此计算经营活动的现金流量。

《企业会计准则——现金流量表》要求企业采用直接法报告经营活动的现金流量，同时要求在补充资料中用间接法来计算现金流量。有关经营活动现金流量的信息，可通过以下途径取得：

第一，直接根据企业有关账户的会计记录分析填列。

第二，对当期业务进行分析并对有关项目进行调整：①将权责发生制下的收入、成本和费用转换为现金基础；②将资产负债表和现金流量表中的投资、筹资项目，反映为投资和筹资活动的现金流量；③将利润中有关投资和筹资方面的收入和费用列入现金流量表的投资、筹资的现金流量中去。

第五节 所有者权益变动表

一、所有者权益变动表概述

所有者权益变动表是反映构成所有者权益的各组成部分当期的增减变动情况的报表。

所有者权益变动表既可以为报表使用者提供所有者权益总量的增减变动的信息，也能提供所有者权益增减变动的结构性信息，特别是能够让报表使用者理解所有者权益增减变动的根源。

二、所有者权益变动表的结构

(一) 列示项目

企业应至少单独列示反映下列信息的项目：

(1) 综合收益总额；

(2) 会计政策变更和差错更正的累积影响金额；

(3) 所有者投入资本和向所有者分配利润等；

(4) 按照规定提取的盈余公积；

(5) 实收资本、其他权益工具、资本公积、其他综合收益、专项储备、盈余公积、未分配利润的期初和期末余额及其调节情况。

（二）列示形式

所有者权益变动表以矩阵的形式列示。

（1）列示导致所有者权益变动的交易或者事项，即所有者权益变动的来源，对一定时期所有者权益的变动情况进行全面反映。

（2）按照所有者权益各组成部分，即实收资本、其他权益工具、资本公积、库存股、其他综合收益、盈余公积、未分配利润，列示交易或者事项对所有者权益各部分的影响。

三、所有者权益变动表项目的编制

所有者权益变动表各项目均需填列"本年金额"和"上年金额"两栏。

第六节 附注

一、附注概述

附注是对在资产负债表、利润表、现金流量表和所有者权益变动表等报表中列示项目的文字描述或明细资料，以及对未能在这些报表中列示项目的说明等。

（1）附注的披露，是对资产负债表、利润表、现金流量表和所有者权益变动表列示项目的含义的补充说明，以帮助使用者更准确地把握其含义。

（2）附注提供了对资产负债表、利润表、现金流量表和所有者权益变动表中未列示项目的详细说明或明细说明。

二、附注的主要内容

（1）企业的基本情况。
（2）财务报表的编制基础。
（3）遵循企业会计准则的声明。
（4）重要会计政策和会计估计。
（5）会计政策和会计估计变更，以及差错更正的说明。
（6）报表重要项目的说明。
（7）或有和承诺事项、资产负债表日后非调整事项、关联方关系及其交易等需要说明的事项。
（8）有助于财务报表使用者评价企业管理资本的目标、政策及程序的信息。

本章小结

财务报表是企业会计核算的重要组成部分，编制财务报表是会计核算的专门方法之一。本章主要内容有资产负债表、利润表、现金流量表。通过本章学习，读者应掌握有关重要概念，各种财务报表的结构和编制方法，特别要注意掌握资产负债表和利润表的编制。

本章练习题

一、简答题

1. 什么是财务报表？编制财务报表有何意义？
2. 编制财务报表有哪些要求？
3. 试述资产负债表的定义、结构及其作用。
4. 练习资产负债表和利润表的编制。

二、综合题

基本资料一 某企业 2018 年 6 月底各账户期末余额如表 8-7 所示。

表 8-7 2018 年 6 月底各账户期末余额   单位：元

账户名称	借方余额	账户名称	贷方余额
库存现金	900	短期借款	41 550
银行存款	76 700	应付账款	4 050
应收账款	7 000	其他应收款	8 700
其他应收款	750	应付职工薪酬	7 000
原材料	349 800	应付票据	4 100
生产成本	36 000	应交税费	39 670
库存商品	50 400	累计折旧	230 500
长期股权投资	7 500	本年利润	158 765
固定资产	628 500	实收资本	721 000
利润分配	95 785	盈余公积	38 000
合计	1 253 335	合计	1 253 335

明细资料二：各损益账户累计余额："主营业务收入" 1 364 900 元，"主营业务成本" 1 043 280 元，"税金及附加" 55 020 元，"销售费用" 10 600 元，"其他业务收入" 42 000 元，"其他业务成本" 37 000 元，"营业外收入" 1 200 元，"营业外支出" 6 000 元，"管理费用" 19 800 元，"财务费用" 7 300 元。

要求：根据资料编制该企业的资产负债表和利润表。

巩固练习

一、单项选择题

1. 我国资产负债表采用的格式是（　　）。
   A. 报告式
   B. 矩阵式
   C. 账户式
   D. 混合式

2. 反映企业经营成果的利润表属于（　　）。
   A. 时点报表
   B. 静态报表
   C. 动态报表
   D. 财务状况报表

3. 现金流量表是以（　　）为基础编制的会计报表。
   A. 权责发生制
   B. 收付实现制
   C. 应收应付制
   D. 费用配比制

4. 资产负债表的编制基础是（　　）。
   A. 试算平衡表
   B. 记账规则
   C. 收入－费用＝利润
   D. 资产＝负债＋所有者权益

5. 我国权益变动表采用的格式是（　　）。
   A. 报告式
   B. 矩阵式
   C. 账户式
   D. 混合式

二、多项选择题

1. 会计报表中"货币资金"项目的金额，其来源科目可能有（　　）。
   A. "库存现金"科目
   B. "银行存款"科目
   C. "其他货币资金"科目

D. "应收账款"科目

E. "应付账款"科目

2. 会计报表中存货项目的金额，其来源科目可能有（   ）。

A. "原材料"科目

B. "库存商品"科目

C. "生产成本"科目

D. "固定资产"科目

E. "主营业务成本"科目

3. 会计报表中固定资产项目的金额，其来源科目可能有（   ）。

A. "原材料"科目

B. "固定资产减值准备"科目

C. "生产成本"科目

D. "固定资产"科目

E. "累计折旧"科目

三、判断题

1. 我国现行的利润表格式有单步式和多步式。（   ）
2. 我国资产负债表采用报告式。（   ）
3. 通过利润表可以了解企业所掌握的经济资源及其分布情况。（   ）
4. "利润分配"总账的年末余额一定与资产负债表中未分配利润项目的数额一致。（   ）
5. 我国资产负债表的编制依据为动态会计恒等式。（   ）

四、计算分析题

1. ABC 企业的现金为 1 400 元，银行存款为 110 000 元，应收账款为 210 000 元，原材料为 170 000 元，产成品为 150 000 元，固定资产原值为 3 000 000 元，累计折旧为 1 200 000 元，银行借款为 660 200 元，应付账款为 131 200 元，实收资本为 1 500 000 元，本年利润为 1 100 000 元，利润分配为 950 000 元。

要求：

计算该企业的资产总额、负债总额、所有者权益总额，并说明三者之间的关系。

2. 某工业企业 2018 年 3 月有关总账和明细账余额如下：

（1）"库存商品"账户余额 7 000 元；

（2）"本年利润"账户余额 80 000 元（贷方）；

（3）"原材料"账户余额 4 000 元；

（4）"生产成本"账户余额 1 000 元；

（5）"利润分配"账户余额 60 000 元；

(6)"低值易耗品"账户余额3 000元；

(7)"应付账款"账户下，A公司余额18 000元（贷方），B公司余额5 000元（借方）；

(8)"预付账款"账户下，C公司余额7 000元（借方），D公司余额2 000元（贷方）。

要求：

根据以上资料计算资产负债表中存货、未分配利润、应付账款、预付账款项目的应填列数额。

3．某企业2018年5月31日的资产、负债和所有者权益状况如表8-8所示。

表8-8　2018年5月31日资产、负债和所有者权益状况　　　　单位：元

资产	金额	负债及所有者权益	金额
库存现金	1 000	短期借款	10 000
银行存款	27 000	应付账款	30 000
应收账款	35 000	应交税费	9 000
原材料	50 000	长期借款	B
长期股权投资	A	实收资本	24 000
固定资产	201 000	资本公积	23 000
合计	375 000	合计	C

要求：

(1) 表中应填的数据为：A _____；B _____；C _____。

(2) 计算该企业的流动资产总额。

(3) 计算该企业的负债总额。

(4) 计算该企业的所有者权益总额。

五、综合题

1．资料：诚信公司2018年4月份有关账户期初余额如表8-9所示。

表8-9　2018年4月份有关账户期初余额　　　　单位：元

账户	借方余额	贷方余额
库存现金	30 000	
银行存款	153 000	
应收账款	600 000	
其中：甲单位	700 000	
乙单位		100 000
坏账准备		3 000

续表

账　户	借方余额	贷方余额
预付账款	100 000	
其中：迅雷公司	180 000	
金昌公司		80 000
其他应收款	60 000	
原材料	1 000 000	
库存商品	2 000 000	
长期股权投资	1 600 000	
固定资产	3 500 000	
累计折旧		460 000
短期借款		1 000 000
应付账款		280 000
其中：顺利公司	510 000	
昌盛公司		790 000
预收账款		370 000
其中：飞天公司		430 000
立帆公司	60 000	
应付利息		100 000
长期借款		2 100 000
实收资本		3 800 000
资本公积		530 000
盈余公积		400 000
合　计	9 793 000	9 793 000

4月份发生下列经济业务如下：

（1）从迅雷公司购进原材料200 000元，用预付账款抵付，不足部分尚未支付，材料已验收入库。

（2）本期提取固定资产折旧120 000元（计入管理费用）。

（3）取得商品销售收入2 000 000元，款项尚未收到。销售成本为收入的70%。不考虑各项税费。

（4）预提本期发生的借款利息5 000元。

（5）本期归还长期借款100 000元，以银行存款支付。

（6）本期预交所得税20 000元，以银行存款支付。

（7）职工李军出差完毕，报销差旅费2 500元，以现金退回多预借的500元。

（8）计算本月利润总额，并按25%计算应交纳所得税。

（9）计算本月净利润，并进行利润结转。

要求：

（1）根据诚信公司2018年4月份发生的上述经济业务，编制必要的会计分录。

（2）编制2018年4月份的利润表和资产负债表。

2. 资料：金鑫公司2019年4月份发生下列经济业务：

（1）购入全新机器一台，价值90 000元，款项已由银行存款支付。

（2）收到华丰化工公司发来甲材料一批，发票所列价款600 000元，运杂费5 000元。原材料已验收入库，款项暂欠。

（3）仓库发出甲材料680 000元，其中，生产产品耗用650 000元，车间一般耗用20 000元，管理部门耗用10 000元。

（4）用银行存款支付前欠华丰化工公司购进甲材料款项605 000元。

（5）开出现金支票从银行提取现金120 000元，以备发放工资。

（6）用现金发放工资120 000元。

（7）将工资费用进行分配，其中，生产工人工资80 000元，车间管理人员工资30 000元，公司管理人员工资10 000元。

（8）开出转账支票从银行支付办公费用17 000元，其中，车间办公费用12 000元，公司办公费用5 000元。

（9）杨斌到外省出差参加行政会议，预借差旅费2 200元，以现金付讫。

（10）杨斌出差归来报账，费用单据2 000元准予报销，余款200元交回现金。

（11）计提本月固定资产折旧45 000元，其中，车间用固定资产折旧35 000元，公司管理用固定资产折旧10 000元。

（12）收到银行通知，本月银行存款利息500元已计入公司账户。

（13）销售产品一批，售价1 200 000元，款项已经存入银行。同时结转该批产品的实际生产成本960 000元。

（14）公司应付账款中有一项5 000元确实无法支付，转作营业外收入。

（15）用银行存款支付销售费用计1 350元。

（16）盘盈1台设备，其重置价值为8 000元，估计折旧额5 200元，经批准作营业外收入处理。

（17）以现金260元，支付延期提货的罚款。

（18）月末，将本月发生的制造费用转入"生产成本"账户。

（19）生产车间完工一批产品，共计10 000件，每件生产成本80元，已验收入库。实际成本800 000元。

（20）月末，结转本月利润。

要求：

（1）根据上述经济业务，编制必要的会计分录。

（2）编制金鑫公司2019年4月的利润表。

模拟试题

模拟试题（一）

一、单项选择题（每小题1分，共15分）

1. 会计的核算职能不具有（　　）。
   A. 连续性
   B. 主观性
   C. 系统性
   D. 全面性

2. 会计方法体系中，其基本环节是（　　）。
   A. 会计核算方法
   B. 会计分析方法
   C. 会计监督方法
   D. 会计决策方法

3. 一个企业的资产总额与权益总额（　　）。
   A. 必然相等
   B. 有时相等
   C. 不会相等
   D. 只有在期末相等

4. 下列经济业务，应填制转账凭证的是（　　）。
   A. 收到其他单位的欠款并存入银行
   B. 从银行取得借款并存入银行
   C. 计提固定资产折旧
   D. 从银行提取现金备用

5. 总账、现金日记账和银行存款日记账应采用（　　）。
   A. 活页账
   B. 订本账

C. 卡片账

D. 备查账

6. 下列项目中，属于流动资产的是（　　）。

A. 存货

B. 股本

C. 短期借款

D. 长期借款

7. 下列报表中，能够反映企业一定时期经营成果的会计报表是（　　）。

A. 利润表

B. 现金流量表

C. 资产负债表

D. 资产负债表和利润表

8. 会计主体前提是明确（　　）。

A. 会计记账时间的问题

B. 会计记账空间的问题

C. 会计计量手段的问题

D. 会计记账方法的问题

9. 科目汇总表财务处理程序的特点是（　　）。

A. 根据科目汇总表登记总分类账

B. 根据记账凭证直接登记总分类账

C. 根据汇总记账凭证登记总分类账

D. 根据科目汇总表登记明细分类账

10. 下列项目中，属于长期资产的是（　　）。

A. 股本

B. 固定资产

C. 存货

D. 应收票据

11. 将融资租入的固定资产确认为企业资产，是基于会计核算的（　　）。

A. 重要性

B. 实质重于形式

C. 谨慎性

D. 相关性

12. 各单位每年形成的会计档案，都应由本单位（　　）负责整理立卷，装订成册，编制会计档案保管清册。

A. 财务会计部门

B. 档案部门

C. 人事部门

D. 指定人员

13. 在记账无误的情况下，造成银行对账单和银行存款日记账不一致的原因是（　　）。
A. 应付账款
B. 应收账款
C. 未达账项
D. 外地存款

14. 关于抵减账户和被抵减账户，下列说法错误的是（　　）。
A. 抵减账户与其被抵减账户反映的经济内容相同
B. 抵减账户与其被抵减账户反映的经济内容不一定相同
C. 抵减账户不能离开被抵减账户而独立存在
D. 有抵减账户就有被抵减账户

15. 我国会计规范体系中的最高层次是（　　）。
A. 具体会计准则
B. 基本会计准则
C. 会计制度
D. 会计法

二、多项选择题（每小题 2 分，共 20 分）

1. 下列属于所有者权益的内容有（　　）。
A. 所有者投入的资本
B. 留存收益
C. 所有者个人的资产
D. 直接计入所有者权益的利得和损失

2. 下列属于引起会计等式左右两边会计要素发生增减变动的业务有（　　）。
A. 以银行存款偿还前欠货款
B. 将资本公积转增资本
C. 向银行借款存入银行
D. 投资者追加对本企业的投资

3. 下列构成材料采购成本的项目有（　　）。
A. 材料买价
B. 材料运输、包装费
C. 途中合理损耗
D. 入库前支付的挑选整理费

4. 借贷记账法的基本内容包括（　　）。
A. 记账符号
B. 记账规则
C. 账户设置
D. 试算平衡

5. 下列项目中，属于流动资产的有（　　）。

A. 短期借款

B. 库存现金

C. 原材料

D. 固定资产

6. 下列错误中，难以通过试算平衡发现的有（　　）。

A. 全部漏记或重记同一经济业务

B. 借贷双方发现同样金额的记账或过账错误

C. 记错了有关账户的金额

D. 借贷双方中一方多计金额，一方少计金额

7. "生产成本"账户的借方登记（　　）。

A. 本期发生的直接材料费用

B. 本期发生的直接人工费用

C. 本期结转应分配计入的制造费用

D. 本期验收入库的产品成本

8. 下列符合会计账簿登记的规则的说法有（　　）。

A. 记账时，必须按账户页次逐页、逐行登记，不得隔页、跳行

B. 账簿记载的内容应与记账凭证一致，不得随便增减

C. 以审核无误的记账凭证为依据

D. 按规定结清余额

9. 资产负债表的项目中，根据几个总账账户期末余额进行汇总填列的有（　　）。

A. 货币资金

B. 存货

C. 实收资本

D. 应收账款

10. 会计电算化系统与手工会计系统的共同点有（　　）。

A. 基本原理相同

B. 会计的目标相同

C. 所依据的会计理论和方法相同

D. 应遵循的会计法规和准则相同

三、判断题（每小题1分，共10分）

1. 某项资产增加的同时必然是某项权益的增加。（　　）

2. 总分类会计科目与所属明细分类会计科目的结构相同。（　　）

3. 现金和银行存款发生对应关系时，只编制收款凭证。（　　）

4. 原材料明细账采用数量金额式的账簿格式。（　　）

5. 本期产品的销售成本是本期产品的生产成本。（　　）

6. 会计只能采用货币计量。（　　）

7. 管理费用、销售费用、制造费用都属于期间费用，应直接计入当期损益。（　　）

8. 资产负债表是一种静态会计报表，应根据有关账户的期末余额直接填列。（   ）
9. 在借贷记账法下，账户哪一方登记增加或减少取决于账户性质。（   ）
10. 可比性是指会计处理方法在同一企业前后各期应当一致，不得随意变更。（   ）

四、简答题（每小题 5 分，共 10 分）

1. 简述原始凭证与记账凭证的差别。
2. A 企业会计人员在检查账簿记录时，发现下列错账：
（1）以银行存款支付购料款 63 800 元，登账时记为：
　　借：应付账款　　　　　　68 300
　　　　贷：银行存款　　　　68 300
（2）生产产品领用原材料一批，价值 50 000 元，填制记账凭证时误写为：
　　借：管理费用　　　　　　50 000
　　　　贷：原材料　　　　　50 000
并已登记入账。
（3）向银行取得短期借款 200 000 元，存入银行，编制记账凭证时，误写为：
　　借：银行存款　　　　　　20 000
　　　　贷：短期借款　　　　20 000
并已登记入账。
要求：对上述错账进行更正，将更正方法及更正结果写出。

五、综合题（每小题 3 分，共 45 分）

大华公司 2019 年 3 月发生下列经济业务：
1. 接受投资人投入的设备 50 000 元，已交付使用。
2. 向银行借入两年期限借款 80 000 元，已存入银行。
3. 收到一笔罚款收入 2 000 元，存入银行。
4. 购入甲材料 4 000 千克，单价 2 元/千克；购入乙材料 6 000 千克，单价 3 元/千克。上述材料的货款尚未支付。（不考虑增值税）
5. 以现金 2 000 元支付上述甲、乙材料的运费（按重量比例分配并列出算式）。
6. 甲、乙材料均已验收入库，结转其实际采购成本。
7. 经理外出开会回来报销差旅费 450 元，余款 50 元交回现金，冲销原借款 500 元。
8. 本月生产 A 产品领用材料 10 000 元，生产 B 产品领用材料 15 000 元，车间管理部门耗用材料 1 000 元，管理部门耗用材料 800 元。
9. 分配本月工资 20 520 元，其中，A 产品工人工资 4 560 元，B 产品工人工资 9 120 元，车间管理人员工资 2 280 元，管理部门人员工资 4 560 元。
10. 计提本月固定资产折旧 9 720 元，其中，车间折旧 5 720 元，厂部折旧 4 000 元。
11. 分配并结转本月制造费用（按生产工人工资比例分配）。
12. 本月 A、B 两种产品已全部完工，计算并结转完工产品的制造成本。

13. 本月销售 A、B 产品共计取得收入 100 000 元，货款尚未收到；已销产品的制造成本为 60 000 元。(不考虑增值税)

14. 以现金 800 元支付广告费，同时计算出本月应交产品销售税金 1 000 元。

15. 将本月发生的收入、费用转入"本年利润"账户。

要求：根据以上业务编制会计分录。

模拟试题（二）

一、单项选择题（每小题 1 分，共 10 分）

1. 最基本的会计等式是（　　）。
   A. 资产 + 负债 = 所有者权益
   B. 资产 = 负债 + 权益
   C. 资产 = 负债 + 所有者权益
   D. 收入 – 费用 = 利润

2. "企业向银行借款 50 万元，直接用于偿还前欠外单位货款"，这项业务引起本企业（　　）。
   A. 资产增加 50 万元
   B. 负债增加 50 万元
   C. 资产与负债同时增加 50 万元
   D. 负债总额保持不变

3. （　　）界定了会计信息的时间段落，为分期结算账目和编制财务会计报告等奠定了理论与实务基础。
   A. 会计主体
   B. 会计分期
   C. 会计核算
   D. 持续经营

4. 下列会计科目中，不属于资产类科目的是（　　）。
   A. "预付账款"科目
   B. "其他应收款"科目
   C. "应收账款"科目
   D. "应付利息"科目

5. 某大型企业资产总额为 5 000 万元，负债总额为 1 000 万元。以银行存款 500 万元偿还借款，并以银行存款 500 万元购买固定资产后，该企业资产总额为（　　）万元。
   A. 4 000
   B. 3 000
   C. 4 500
   D. 2 000

6. 下列会计科目中，属于所有者权益类科目的是（　　）。
   A. "银行存款"科目
   B. "短期借款"科目
   C. "应收账款"科目

D. "利润分配"科目

7. 借贷记账法的理论基础是（　　）。

A. 复式记账法

B. 资产＝负债＋所有者权益

C. 有借必有贷，借贷必相等

D. 借贷平衡

8. 将现金存入银行，一般只编制（　　）。

A. 现金付款凭证

B. 银行存款收款凭证

C. 现金收款凭证

D. 银行存款付款凭证

9. （　　）采用三栏式明细账。

A. 应收账款明细账

B. 营业收入明细账

C. 管理费用明细账

D. 原材料明细账

10. 采用补充登记法，是因为（　　）导致账簿错误。

A. 记账凭证上会计科目错误

B. 记账凭证上记账方向错误

C. 记账凭证上会计科目或记账方向正确，所记金额大于应记金额

D. 记账凭证上会计科目或记账方向正确，所记金额小于应记金额

二、多项选择题（每小题 2 分，共 20 分。多选、少选、错选、未选均不得分）

1. 会计的基本职能是（　　）。

A. 核算

B. 监督

C. 分析

D. 参与经济决策

2. 向银行借款 50 万元，款项存入银行。这项业务引起（　　）的金额发生增减变化。

A. 资产

B. 负债

C. 所有者权益

D. 收入

3. 下列经济业务中，引起资产和权益总额增加的有（　　）。

A. 以银行存款 10 万元偿还应付账款

B. 投资者甲投入货币资金 50 万元

C. 向银行借款 20 万元，存入银行

D. 以银行存款购买固定资产 30 万元

4. 下列组织可以作为一个会计主体进行会计核算的有（　　）。

A. 独资企业

B. 企业的销售部门

C. 分公司

D. 子公司

5. 所有者权益包括（　　）等。

A. 应付利润

B. 实收资本

C. 盈余公积

D. 利润分配

6. 下列科目中，属于损益类科目的有（　　）。

A. "投资收益"科目

B. "应收股利"科目

C. "管理费用"科目

D. "主营业务收入"科目

7. 某项经济业务发生后，一个资产账户记借方，则有可能（　　）。

A. 另一个资产账户记贷方

B. 另一个负债账户记贷方

C. 另一个所有者权益账户记贷方

D. 另一个资产账户记借方

8. 原始凭证按照填制手续分类，可以分为（　　）。

A. 外来原始凭证

B. 一次性凭证

C. 累计凭证

D. 汇总原始凭证

9. 下列记账凭证中，可以不附原始凭证的有（　　）。

A. 收款凭证

B. 付款凭证

C. 结账的记账凭证

D. 更正错账的记账凭证

10. 账簿按用途分为（　　）。

A. 序时账簿

B. 订本式账簿

C. 分类账簿

D. 备查账簿

三、判断题（每小题 1 分，共 10 分）

1. 会计以货币作为唯一计量单位。　　　　　　　　　　　　　　　　　　（　　）
2. 通过试算平衡，并不能保证全部记账工作完全正确。　　　　　　　　　（　　）
3. 权益类账户发生增加额时登记在该账户的贷方，发生减少额时登记在该账户的借方，其余额一般出现在账户的借方。　　　　　　　　　　　　　　　　　（　　）
4. 按账户的用途和结构分类，"累计折旧"账户属于资产类账户。　　　　（　　）
5. 总分类账户期初期末余额与其所属明细分类账户期初期末余额合计未必相等。（　　）
6. 从银行提取现金，既可以编制现金收款凭证，也可以编制银行存款付款凭证。（　　）
7. 备查账簿的登记应以审核无误的会计凭证为依据。　　　　　　　　　　（　　）
8. 采用加权平均法，每购进一批存货，就要重新计算一次单价，每发出一次存货，都要以上次结存存货的平均单价为本次发出存货的单价。　　　　　　　　　（　　）
9. 在资产负债表中，"存货"应根据"材料采购""原材料""生产成本""库存商品"等账户期末余额的合计数填列。　　　　　　　　　　　　　　　　　　　（　　）
10. 科目汇总表账务处理程序，是以科目汇总表为登记总账的依据。　　　（　　）

四、计算题（共 20 分）

资料：阳光公司 2019 年 3 月甲材料的业务记录如下：

1. 1 日，结存 100 千克，单价 100 元/千克；
2. 10 日，购进 100 千克，单价 105 元/千克；
3. 18 日，发出 100 千克；
4. 25 日，购进 200 千克，单价 110 元/千克；
5. 30 日，发出 200 千克。

要求：

（1）用先进先出法计算本月发出材料和月末结存材料的成本（列明计算公式，计算结果保留小数点后两位）。(10 分)

（2）用加权平均法计算本月发出材料和月末结存材料的成本（列明计算公式，计算结果保留小数点后两位）。(10 分)

五、综合题（每题 4 分，共 40 分）

资料：某工业企业 2019 年 8 月发生的有关经济业务如下：

1. 购买原材料，价款 10 000 元，增值税 1 300 元。货款及税款以银行存款支付，材料尚未验收入库。
2. 上述材料验收入库，结转材料采购成本。
3. 从银行提取现金 30 000 元。
4. 投资者追加投资 150 000 元，存入银行。

5. 向银行借入期限为 6 个月的借款 100 000 元,存入银行。
6. 以银行存款支付下半年厂房租金 30 000 元。
7. 某职工借支差旅费 1 000 元现金。
8. 销售产品一批,货款 70 000 元,增值税款 9 100 元,款项尚未收到。
9. 以现金支付销售产品的广告费 1 000 元。
10. 结转已销售产品的生产成本 50 000 元。

要求:根据上述经济业务编制会计分录。

模拟试题（三）

一、单项选择题（本题共 10 小题，每小题 1 分，共计 10 分）。

1. "收到云天公司预付的购货款 20 000 元，存入银行"，这项经济业务所引起的变化为（　　）。
   A. 一项资产增加，一项资产减少
   B. 一项资产增加，一项负债增加
   C. 一项资产增加，一项权益增加
   D. 一项资产减少，一项负债减少

2. 下列账户中，属于资产类账户的是（　　）。
   A. "预收账款"账户
   B. "预付账款"账户
   C. "实收资本"账户
   D. "资本公积"账户

3. 某企业月初资产总额为 300 万元，本月发生下列经济业务：（1）赊购原材料 10 万元；（2）用银行存款偿还短期借款 20 万元；（3）收到购货单位偿还的欠款 15 万元，存入银行。该企业月末资产总额为（　　）万元。
   A. 310
   B. 290
   C. 295
   D. 305

4. 与"预付账款"账户性质一致的账户为（　　）。
   A. "生产成本"账户
   B. "应付利息"账户
   C. "应付账款"账户
   D. "应收账款"账户

5. 下列原始凭证中，不属于自制原始凭证的是（　　）。
   A. 销售发货票
   B. 购货发货票
   C. 销售产品计算表
   D. 现金缴款书

6. 企业的总分类账一般采用（　　）。
   A. 活页账
   B. 卡片账
   C. 订本账

D. 备查账

7. 某工业企业外购 A、B 两种原材料，A 材料买价 150 000 元，B 材料买价 250 000 元，两种材料共计发生运杂费 2 000 元，则购进 B 材料的成本为（　　）元。

A. 250 000

B. 251 000

C. 252 000

D. 251 250

8. 下列项目中，属于流动资产的是（　　）。

A. 股本

B. 固定资产

C. 库存商品

D. 短期借款

9. 下列属于会计假设的是（　　）。

A. 会计主体

B. 历史成本

C. 权责发生制

D. 配比原则

10. 记账凭证账务处理程序登记总分类账的依据是（　　）。

A. 原始凭证

B. 记账凭证

C. 日记账

D. 科目汇总表

二、多项选择题（本题共 5 小题，每小题 2 分，共计 10 分。在每小题的五个备选答案中，有二至五个选项是符合题目要求的，请将正确选项前的字母填在答题纸上相应题号后。多选、少选、不选均不得分。）

1. 月末结转无余额的账户有（　　）。

A. "主营业务收入"账户

B. "生产成本"账户

C. "材料采购"账户

D. "营业外支出"账户

E. "管理费用"账户

2. 在编制试算平衡表时，账户记录出现错误但又不影响借贷双方平衡的有（　　）。

A. 某项业务在有关账户中全部被重复记录

B. 借贷方账户都多记相同的金额

C. 某项业务在有关账户中全部被漏记

D. 应借应贷账户借贷方向记反

E. 借方账户比贷方账户多记金额

3. 数量金额式明细分类账的账页格式适用于（　　）。

 A. "库存商品"明细账

 B. "生产成本"明细账

 C. "应付账款"明细账

 D. "原材料"明细账

 E. "管理费用"明细账

4. 按照权责发生制的要求，在企业支付的下列费用中，应当列为本期费用的有（　　）。

 A. 以前付款的报刊费

 B. 预付明年的保险费

 C. 尚未支付的本月借款利息

 D. 采购员报销的差旅费

 E. 支付上季度的房屋租金

5. 资产负债表是（　　）。

 A. 总括反映企业财务状况的报表

 B. 反映企业报告期末财务状况的报表

 C. 反映企业报告期间财务状况的报表

 D. 反映企业财务状况的静态报表

 E. 反映企业财务状况的动态报表

三、判断题（本题共 10 小题，每小题 1 分，共计 10 分。在下列命题中，有错误的，也有正确的，请你给出相关的判断。你认为正确的答案请在相应题号后打"√"，否则，打"×"。）

1. 当企业采用权责发生制时，预付的报刊费用应作为支付期的费用处理。（　　）

2. 仓库发出原材料用于产品生产时，应借记"营业成本"科目，贷记"原材料"科目。（　　）

3. 期末账款调整的标准是权责发生制。（　　）

4. 登记账簿时必须用蓝、黑墨水书写，不得使用圆珠笔、铅笔书写，更不得使用红色墨水书写。（　　）

5. 在期末，如果企业银行存款日记账余额与银行对账单余额不符，则一定是由于存在未达账项。（　　）

6. 在当月会计检查中发现上月预提银行借款利息时，记账凭证上将应预提的利息 4 000 元记成了 4 400 元。更正时，应采用补充登记法。（　　）

7. 会计恒等式不仅是复式记账的基础，同时也是资产负债表结构的理论基础。（　　）

8. 在会计实际工作中，绝大部分存货采用永续盘存制。只有一些价值低、品种多、收发频繁的存货采用实地盘存制。（　　）

9. 我国的《企业会计准则》是由全国人民代表大会及其常务委员会制定并颁布的。（　　）

10. 按照我国会计制度的规定,企业的月度、季度、年度会计报表保管的期限为 3 年。
( )

四、简答题（本题共 2 小题,第 1 小题 6 分,第 2 小题 4 分,共计 10 分）

1. 财务会计报告主要包括哪些书面文件？年度会计报表的报出时间是什么时候？
2. 简述原始凭证与记账凭证的区别。

五、计算分析题（本题共 1 小题,共计 10 分）

资料：泰丰公司 2019 年 9 月份发生的甲材料的收发业务,如下表所示：

泰丰公司甲材料收发业务

日 期	项目	数量/千克	单价/（元·千克$^{-1}$）	金额/元
9 月 1 日	期初库存	600	1.00	600
9 月 4 日	购进	400	1.10	440
9 月 12 日	发出	800		
9 月 20 日	购进	600	1.12	672
9 月 28 日	发出	500		

要求：

1. 采用先进先出法计算本期发出材料和期末结存材料的实际成本
2. 采用加权平均法计算本期发出材料和期末结存材料的实际成本。
请按照题目要求写出计算过程,涉及小数计算,请保留小数点以后两位数字。

六、综合题（会计分录每小题 2.5 分,编制利润表每个数据 2.5 分,共计 50 分）

资料：泰丰公司 2019 年 3 月份发生下列经济业务：

1. 1 日,销售甲产品 1 000 件,每件售价 130 元。货款已通过银行收讫。
2. 5 日,以银行存款支付本月销售甲、乙产品的销售费用 1 550 元。
3. 12 日,按规定计算本月应交纳的销售税金 5 650 元。
4. 14 日,结转已销售产品的成本,其中,甲产品总成本 65 400 元,乙产品总成本 36 000 元。
5. 18 日,李彤外出归来,报销差旅费 700 元,原借款刚好 700 元。
6. 22 日,收到江南公司赔款 1 000 元,存入银行。
7. 30 日,月末根据上述业务,结转本月发生的各项费用和收入。
8. 30 日,根据本期实现的利润总额,按 25% 的所得税税率计算并结转所得税。

要求：

1. 根据上述经济业务编制相关会计分录（有明细科目的要求写出明细科目）；
2. 根据上述经济业务内容,编制本月利润表,填入下表。

利润表

编制单位： 年 月 单位：元

项目	本 月 数	累 计 数
一、营业收入		
减：营业成本		
税金及附加		
销售费用		
管理费用		
财务费用		
二、营业利润		
加：营业外收入		
减：营业外支出		
三、利润总额		
减：所得税费用		
四、净利润		

模拟试题（四）

一、单选题（每小题1分，共15分）

1. 下列项目中，不属于资产类账户的项目是（　　）。
   A. 预付账款
   B. 应收账款
   C. 预收账款
   D. 实收资本

2. 下列总分类账户中，可以不设置明细分类账户的是（　　）。
   A. "本年利润"账户
   B. "利润分配"账户
   C. "实收资本"账户
   D. "材料采购"账户

3. 在编制利润表时，不需要计算填列的项目为（　　）。
   A. 主营业务收入
   B. 主营业务利润
   C. 营业利润
   D. 净利润

4. 年末结转后，"利润分配"账户的贷方余额表示（　　）。
   A. 利润分配总额
   B. 未弥补亏损
   C. 未分配利润
   D. 实现的利润总额

5. 没收的押金应该贷记（　　）科目。
   A. "待处理财产损溢"
   B. "应付账款"
   C. "营业外收入"
   D. "管理费用"

6. 数量金额式明细分类账的账页格式适用于（　　）。
   A. "管理费用"明细账
   B. "利润分配"明细账
   C. "原材料"明细账
   D. "应付账款"明细账

7. 企业取得的银行存款利息收入应贷记（　　）科目。
   A. "财务费用"

B. "应付利息"

C. "其他业务收入"

D. "营业外收入"

8. 存货发生定额内损耗，在批准处理后，应计入（　　）账户。

A. "待处理财产损溢"

B. "管理费用"

C. "营业外支出"

D. "其他应收款"

9. 反映企业在一定时期内经营成果的报表是（　　）。

A. 资产负债表

B. 利润表

C. 资产减值准备明细表

D. 现金流量表

10. 下列项目中，属于流动资产的是（　　）。

A. 股本

B. 短期借款

C. 固定资产

D. 应收账款

11. 下列账户中，不属于负债类账户的是（　　）。

A. "短期借款"账户

B. "应付账款"账户

C. "预收账款"账户

D. "预付账款"账户

12. 记账凭证的填制是由（　　）完成的。

A. 出纳人员

B. 会计人员

C. 经办人员

D. 管理人员

13. 在收付实现制记账基础下，不需要设置的是（　　）。

A. "库存现金"账户

B. "银行存款"账户

C. "短期借款"账户

D. "待摊费用"账户

14. 下列项目中，属于流动负债的是（　　）。

A. 固定资产

B. 应收利息

C. 应收账款

D. 应付账款

15. 下列账户的期末余额应作为资产填入资产负债表的是（　　）。
   A. "财务费用"账户
   B. "生产成本"账户
   C. "盈余公积"账户
   D. "短期借款"账户

二、多项选择题（每小题 2 分，共 10 分）

1. 下列项目中，属于营业外收入的有（　　）。
   A. 固定资产盘盈
   B. 出售材料收入
   C. 没收的押金
   D. 财产盘亏

2. 抵减附加账户的余额与被调整账户的余额方向可能（　　）。
   A. 不一致
   B. 相同
   C. 没有关系
   D. 依被调整账户而定

3. 按期摊销报纸杂志订阅费时，应（　　）。
   A. 借记"银行存款"科目
   B. 贷记"库存商品"科目
   C. 借记"管理费用"科目
   D. 贷记"库存现金"科目

4. 多栏式明细分类账的账页格式适用于（　　）。
   A. "应收账款"明细分类账
   B. "库存商品"明细分类账
   C. "管理费用"明细分类账
   D. "生产成本"明细分类账

5. 下列错误不能够通过试算平衡查找的有（　　）。
   A. 重记经济业务
   B. 漏记经济业务
   C. 借贷方向相反
   D. 借贷金额不等

三、判断题（对的划"√"，错的划"×"。每小题 1 分，共 15 分）

1. 资产与所有者权益在数量上始终是相等的。　　　　　　　　　　　（　　）
2. 所有的账户均左边记录增加额，右边记录减少额。　　　　　　　　（　　）
3. "利润分配"账户属于所有者权益账户。　　　　　　　　　　　　（　　）

4. 为了更好地提供会计信息，所有的总分类账户均应设置明细分类账户。（   ）

5. "应收账款"账户期末可能出现借方余额，也可能出现贷方余额。（   ）

6. 并非所有的会计凭证都是登记账簿的依据。（   ）

7. 在确认收入的同时，也必须确认资产的增加。（   ）

8. 属于本期费用的一个必要条件是款项在本期支付。（   ）

9. 我国资产负债表采用报告式。（   ）

10. 记账凭证一律由会计人员填制。（   ）

11. 任何经济业务的发生都不会破坏会计等式的平衡关系。（   ）

12. "制造费用"账户的借方发生额应于期末转入"本年利润"账户，结转后该账户无余额。（   ）

13. 5月31日，"本年利润"账户有贷方余额250 000元，表示5月份实现的净利润。（   ）

14. 预收款项是一种负债性质的预收收入，因此不应当作为当期收入入账。（   ）

15. 各种明细账的登记依据，既可以是原始凭证，也可以是记账凭证。（   ）

四、分录题（每小题20分，共40分)

（一）本小题每题2分，共20分。

1. 职工王某出差预借差旅费4 000元，以现金付讫。

2. 以现金支付管理部门日常零星开支2 000元。

3. 以银行存款预付下年报纸杂志费2 400元。

4. 通过银行支付应付宏达公司货款58 000元。

5. 预收客户货款100 000元，产品尚未发出。

6. 提取现金180 000元备发工资。

7. 发放本月工资180 000元，以现金付讫。

8. 摊销本月应负担的报纸杂志费180元。

9. 结转本月已销产品成本126 000元。

10. 以盈余公积金50 000元转增资本金。

（二）本小题每题4分，共20分。

1. 购入原材料80 000元，增值税税率为13%，企业前期预付60 000元，余款以银行存款付讫。

2. 分配本月工资费用300 000元，其中：生产工人工资160 000元，车间管理人员40 000元，厂部管理人员100 000元。

3. 支付本季度银行借款利息1 200元，其中本月应负担400元。

4. 企业销售产品一批，价款128 000元，增值税税率为13%，企业另以银行存款代垫运杂费2 000元。款项尚未收到。

5. 企业盘亏设备一台，该设备原价20 000元，已提折旧5 000元。

五、综合题（每小题10分，共20分）

下表为某企业2019年3月损益类账户的本期发生额。

本期发生额　　　　　　　　　　　　　　　　　　单位：万元

账户名称	借方发生额	贷方发生额
主营业务收入		500
主营业务成本	225	
税金及附加	75	
销售费用	60	
管理费用	40	
财务费用	10	
投资收益		140
营业外收入		30
营业外支出	7.5	
其他业务收入		80
其他业务成本	30	
所得税费用	99.825	

要求：

1. 根据表中资料编制月末结转损益类账户的会计分录。
2. 计算本月净利润。

模拟试题（五）

一、单项选择题（共20小题，每小题2分，计40分）

1. 下列会计要素中，反映企业财务状况的要素是（　　）。
   A. 资产
   B. 收入
   C. 费用
   D. 利润

2. 企业能够拥有或控制的经济资源称为（　　）。
   A. 资产
   B. 负债
   C. 所有者权益
   D. 费用

3. 在下列会计核算的基本前提中，确定了会计核算计量标准前提是（　　）。
   A. 会计主体
   B. 持续经营
   C. 会计分期
   D. 货币计量

4. 账户中在会计期末应转入下期的金额指标是（　　）。
   A. 本期增加发生额
   B. 本期减少发生额
   C. 期末余额
   D. 期初余额

5. 企业收到投资者货币资金投资，一方面使"银行存款"增加，另一方面使增加（　　）。
   A. "主营业务收入"
   B. "实收资本"
   C. "盈余公积"
   D. "长期借款"

6. 下列内容中，原始凭证上一般所不具备的内容是（　　）。
   A. 填制凭证日期
   B. 经济业务内容
   C. 会计分录
   D. 有关人员签章

7. 登记成本费用类业务所采用的明细账账页格式应是（　　）。
   A. 三栏式

B. 数量金额式

C. 多栏式

D. 卡片式

8. 企业从银行提取现金业务应填制的记账凭证是（　　）。

A. 收款凭证

B. 付款凭证

C. 转账凭证

D. 原始凭证

9. 下列账户中，期末时应将其本期发生额结转"本年利润"账户借方的是（　　）。

A. 其他业务收入

B. 制造费用

C. 其他业务支出

D. 待摊费用

10. 在会计核算中充分估计到各种风险和损失，体现了（　　）。

A. 可比原则

B. 谨慎性原则

C. 重要性原则

D. 相关性原则

11. 若记账凭证上的会计科目用错并已登记入账，应采用的更正方法为（　　）。

A. 划线更正法

B. 红字更正法

C. 补充更正法

D. 实地盘点法

12. 反映企业经营成果的会计报表是（　　）。

A. 资产负债表

B. 利润表

C. 现金流量表

D. 制造成本表

13. 编制汇总记账凭证的主要依据是（　　）。

A. 记账凭证

B. 原始凭证

C. 科目汇总表

D. 账簿资料

14. 对会计要素进一步分类形成的项目是（　　）。

A. 会计对象

B. 会计等式

C. 会计科目

D. 会计账户

15. 下列会计分录中,属于简单会计分录的是（　　）。

   A. 一借一贷

   B. 一借多贷

   C. 多借一贷

   D. 多借多贷

16. 下列各项中,不属于会计账户的是（　　）。

   A. 累计折旧

   B. 短期借款

   C. 货币资金

   D. 应收账款

17. 下列费用中,也称为间接费用的是（　　）。

   A. 管理费用

   B. 销售费用

   C. 制造费用

   D. 财务费用

18. 登记会计账簿的直接依据是（　　）。

   A. 会计等式

   B. 原始凭证

   C. 会计要素

   D. 记账凭证

19. 下列内容中,不应记入材料采购成本的是（　　）。

   A. 材料买价

   B. 运输费用

   C. 可抵扣的进项税额

   D. 装卸费用

20. 购入材料的运杂费,一般应计入（　　）。

   A. 材料采购成本

   B. 产品成本

   C. 制造费用

   D. 期间费用

二、多项选择题（共5小题,每小题2分,计10分）

1. 下列会计要素中,反映企业经营成果的要素有（　　）。

   A. 资产

   B. 收入

   C. 费用

   D. 利润

2. 下列账户中,期末结账后一般应有余额的账户有（　　）。

A. 资产类账户

B. 负债类账户

C. 所有者权益类账户

D. 收入类账户

3. 下列各项中，属于企业资产要素的内容有（　　）。

A. 应付账款

B. 应收账款

C. 预付账款

D. 长期待摊费用

4. 下列各项中，属于期间费用的有（　　）。

A. 制造费用

B. 管理费用

C. 销售费用

D. 财务费用

5. 企业对外报送的报表主要包括（　　）。

A. 资产负债表

B. 生产成本表

C. 利润表

D. 现金流量表

三、判断题（共 10 小题，每小题 1 分，计 10 分）

1. 借贷记账法的记账规则是：有借必有贷，借贷必相等。　　　　　　（　　）
2. 企业收到的商业承兑汇票应作为应收账款入账。　　　　　　　　　（　　）
3. 会计实务中不得出现多借多贷分录。　　　　　　　　　　　　　　（　　）
4. 可比性原则是指企业的会计核算方法前后各期应当保持一致，不得随意变更。（　　）
5. 会计科目是根据会计账户设置的。　　　　　　　　　　　　　　　（　　）
6. 永续盘存制是通过实地盘点确定期末存货的结存数量。　　　　　　（　　）
7. 工业企业销售原材料作为主营业务收入处理。　　　　　　　　　　（　　）
8. 企业发生的短期借款利息一般应计入当期的财务费用。　　　　　　（　　）
9. 所有经济业务的发生，都会引起会计等式两边发生变化。　　　　　（　　）
10. 在权责发生制原则要求下，收到货币资金就意味着收入的增加。　　（　　）

四、计算题（共 1 小题，计 10 分）

某企业 20××年实现的主营业务利润为 100 000 元，其他业务收入为 30 000 元，其他业务支出为 10 000 元；发生的销售费用为 10 000 元，管理费用为 8 000 元，财务费用为 2 000 元；投资收益为 20 000 元；营业外支出为 15 000 元。

根据上述资料计算下列数字（写出计算过程）：

1. 该企业本年的其他业务利润；

2. 该企业本年的营业利润；

3. 该企业本年的利润总额；

4. 该企业本年应交所得税（假定没有调整事项，应纳税所得额等于利润总额，所得税税率为 25%）；

5. 该企业的净利润；

五、业务题（共 15 小题，每小题 2 分，计 30 分）

天新公司为一般纳税人，2020 年 9 月发生下列经济业务：

1. 从银行提取现金 20 000 元，备发工资。

2. 预收 S 企业交来的预付货款 5 850 元，已存入银行。

3. 从环球公司购进甲材料 5 000 千克，单价 18 元/千克；乙材料 3 000 千克，单价 5 元/千克，增值税税款 13 650 元。款项以银行存款支付，材料尚未收到。

4. 以现金支付上述甲、乙两种材料运费 800 元，按材料重量比例分摊运费。

5. 上述材料运到，经验收入库，计算并结转采购成本。

6. 生产产品领用甲材料 10 000 元。生产车间一般耗用甲材料 1 000 元。

7. 用现金 200 元购买车间使用的办公用品。

8. 用银行存款 3 000 元支付本月保险费用。

9. 分配本月工资 22 500 元，其中，A 产品生产工资 15 000 元，车间管理人员工资 3 200 元，厂部管理人员工资 4 300 元。

10. 用银行存款 5 000 元支付产品展览费。

11. 销售 B 产品一批，货款为 40 000 元，增值税销项税额为 5 200 元。款项收到并存入银行。

12. 用银行存款 117 000 元购入 1 台不需要安装的设备。

13. 用银行存款 1 700 元向红星厂支付本月的前欠货款。

14. 职工王刚预借差旅费 3 000 元，开出现金支出。

15. 王刚报销差旅费 2 800 元，退回现金 200 元。

要求：根据上述经济业务编制会计分录。

模拟试题（六）

一、单项选择题（每小题 2 分，共 20 分）

1. 下列会计要素中，属于静态会计要素的是（　　）。

    A. 资产

    B. 收入

    C. 费用

    D. 利润

2. 企业资产扣除负债后的净额一般称为（　　）。

    A. 负债

    B. 资产

    C. 所有者权益

    D. 费用

3. 在下列会计核算的基本前提中，确定了会计核算具体时间范围的前提是（　　）。

    A. 会计主体

    B. 持续经营

    C. 会计分期

    D. 货币计量

4. 下列会计科目中，属于资产类科目的是（　　）。

    A. "预付账款"科目

    B. "应付账款"科目

    C. "应付票据"科目

    D. "递延收益"科目

5. 股份有限公司收到投资者货币资金投资，一方面使"银行存款"增加，另一方面使（　　）增加。

    A. "股本"

    B. "主营业务收入"

    C. "盈余公积"

    D. "长期借款"

6. 企业借入 3 个月银行借款，一方面使"银行存款"增加，另一方面使（　　）增加。

    A. "长期借款"

    B. "应付账款"

    C. "短期借款"

    D. "应付票据"

7. 企业用银行存款购买原材料入库,一方面使"银行存款"减少,另一方面使（   ）增加。

   A. "材料采购"

   B. "库存商品"

   C. "原材料"

   D. "在途物资"

8. 发料汇总表属于（   ）。

   A. 累计凭证

   B. 明细账

   C. 汇总原始凭证

   D. 总账

9. 下列会计科目中,属于所有者权益类科目的是（   ）。

   A. "投资收益"科目

   B. "制造费用"科目

   C. "本年利润"科目

   D. "生产成本"科目

10. 当前,我国会计规范的第一层次是（   ）。

    A. 会计制度

    B. 会计准则

    C. 会计法

    D. 企业财务会计报告条例

二、多项选择题（每小题2分,共10分）

1. 下列会计要素中,属于动态会计要素的有（   ）。

   A. 资产

   B. 收入

   C. 费用

   D. 利润

2. 原材料明细账一般设置成（   ）。

   A. 备查式账簿

   B. 分类式账簿

   C. 活页式账簿

   D. 数量金额式账簿

3. 下列项目中,影响利润总额的有（   ）。

   A. 所得税费用

   B. 管理费用

   C. 营业外收入

   D. 其他综合收益

4. 下列各项目中，属于利润表报表项目的有（　　）。
A. 未分配利润
B. 净利润
C. 利润总额
D. 营业利润

5. 下列各项中，属于会计专业技术职务的有（　　）。
A. 总会计师
B. 助理会计师
C. 会计师
D. 高级会计师

三、判断题（每小题1分，共10分）

1. 借贷记账法的记账规则是：有借必有贷，借贷必相等。（　）
2. 企业销货时的未收账款一般应作为预收账款入账。（　）
3. 会计实务中不得出现多借多贷分录。（　）
4. 现金盘存报告表不是原始凭证。（　）
5. 生产成本明细账不能设置成多栏式。（　）
6. 固定资产盘亏处理前，记入以前年度损益调整。（　）
7. 银行存款余额调节表是原始凭证。（　）
8. 成本报表是外部报表。（　）
9. 高级会计师是行政职务。（　）
10. 记账凭证账务处理程序根据科目汇总表登记总账。（　）

四、计算题（每小题4分，共20分）

某企业2020年相关账户的金额如下表所示。

相关账户金额　　　　　　　　　　　　　　　　　　　　　　　　单位：元

账户名称	借方发生额	贷方发生额
主营业务收入		150 000
其他业务收入		50 000
主营业务成本	95 000	
其他业务成本	30 000	
管理费用	20 000	
销售费用	5 000	

续表

账户名称	借方发生额	贷方发生额
投资收益		50 000
营业外收入		25 000
营业外支出	5 000	

根据上述资料计算下列数据（写出计算过程）：

（1）该企业本年的营业收入；

（2）该企业本年的营业利润；

（3）该企业本年的利润总额；

（4）该企业本年应交所得税（假定没有调整事项，应纳税所得额等于利润总额，所得税税率为25%）；

（5）该企业的净利润。

五、业务题（每小题4分，共40分）

成新公司是一般纳税人，2020年7月发生如下业务：

（1）从银行提取现金30 000元。

（2）预收货款33 300元，存入银行。

（3）从某公司购进甲材料5 000千克，单价18元/千克；乙材料3 000千克，单价25元/千克，增值税税款21 450元。款项以银行存款支付，材料尚未收到。

（4）以现金支付上述甲、乙两种材料运费1 000元，按材料重量比例分摊运费。

（5）生产产品领用甲材料20 000元。生产车间一般耗用甲材料2 000元。

（6）分配本月工资30 000元，其中，生产工人工资20 000元，车间管理人员工资5 000元，厂部管理人员工资5 000元。

（7）借入3个月期限的银行借款10 000元。

（8）计提上述借款利息300元。

（9）本期销售主营业务产品，实现收入40 000元，增值税税款6 400元，价款和税金未收到。

（10）提取盈余公积10 000元。

要求：根据上述经济业务编制会计分录（增值税要求写出明细科目）。

模拟试题（七）

一、单项选择题（每小题2分，共20分）

1. 下列各项中，不属于期间费用的是（　　）。
   A. 销售费用
   B. 管理费用
   C. 制造费用
   D. 财务费用

2. 在复式记账法下，对每项经济业务都以相等金额在（　　）中进行登记。
   A. 不同的账户
   B. 两个账户
   C. 两个或两个以上的账户
   D. 一个或一个以上账户

3. 某企业"长期借款"账户期初余额为100 000元，本期贷方发生额为60 000元，本期借方发生额为80 000元，则该账户的期末余额为（　　）。
   A. 借方80 000元
   B. 贷方20 000元
   C. 贷方80 000元
   D. 借方12 000元

4. 下列账户中，年终结转后无余额的是（　　）。
   A. "利润分配"账户
   B. "资本公积"账户
   C. "本年利润"账户
   D. "实收资本"账户

5. 下列各项中，属于会计核算基本前提的是（　　）。
   A. 复式记账
   B. 设置账户
   C. 货币计量
   D. 财产清查

6. 从银行提取现金3 000元，应填制的专用记账凭证是（　　）。
   A. 收款凭证
   B. 付款凭证
   C. 累计凭证
   D. 转账凭证

7. 如果发现记账凭证所用的科目正确,只是所填金额大于应填金额,并已登记入账,应采用(　　)更正。

　　A. 划线更正法

　　B. 红字更正法

　　C. 平行登记法

　　D. 补充登记法

8. 库存现金日记账和银行存款日记账应采用(　　)账簿。

　　A. 活页账

　　B. 订本账

　　C. 备查账

　　D. 卡片账

9. 下列各科目中,不属于资产类科目的是(　　)。

　　A. "库存现金"科目

　　B. "应付利息"科目

　　C. "银行存款"科目

　　D. "预付账款"科目

10. 在大型企业中,领导和组织会计工作和经济核算工作的是(　　)。

　　A. 厂长

　　B. 总会计师

　　C. 注册会计师

　　D. 财务主管

二、多项选择题（每小题 2 分，共 10 分）

1. 在编制转账凭证时,可能出现的会计科目有(　　)。

　　A. "财务费用"科目

　　B. "生产成本"科目

　　C. "银行存款"科目

　　D. "应收账款"科目

2. 账簿按账页的格式不同,可分为(　　)。

　　A. 三栏式账簿

　　B. 多栏式账簿

　　C. 活页账簿

　　D. 数量金额式账簿

3. 下列项目中,影响营业利润的有(　　)。

　　A. 主营业务成本

　　B. 管理费用

C. 营业外收入

D. 税金及附加

4. 按现行会计制度规定,企业对外报送的会计报表有（　　）。

A. 资产负债表

B. 利润表

C. 成本报表

D. 现金流量表

5. 下列属于我国会计规范体系的有（　　）。

A. 会计法

B. 会计准则

C. 会计制度

D. 财务通则

三、判断题（每小题 1 分,共 10 分）

1. 只要实现了期初余额、本期发生额和期末余额三栏的试算平衡,就说明账户记录正确。（　　）
2. 转账凭证是用来记录与现金、银行存款有关的经济业务的凭证。（　　）
3. 总分类账、库存现金及银行存款日记账一般采用活页式。（　　）
4. 设置会计账户是会计假设。（　　）
5. 制造费用不用转到生产成本。（　　）
6. 登记账簿要用蓝黑墨水钢笔或蓝黑圆珠笔书写,不得使用铅笔书写。（　　）
7. 收回应收账款存入银行的业务属于影响会计等式两边同时产生变化的业务。（　　）
8. 盘盈的固定资产,记入待处理财产损溢。（　　）
9. 总会计师属于会计专业技术职务。（　　）
10. 科目汇总表账务处理程序根据科目汇总表登记总账。（　　）

四、计算题（每小题 4 分,共 20 分）

某公司 2019 年实现的主营业务收入为 200 000 元,主营业务成本为 100 000 元,其他业务收入为 20 000 元,其他业务成本为 10 000 元;发生的销售费用为 10 000 元,管理费用为 8 000 元,财务费用为 2 000 元;营业外收入为 20 000 元;营业外支出为 10 000 元。

根据上述资料计算下列数据（写出计算过程）:

(1) 该企业本年的营业收入;

(2) 该企业本年的营业利润;

(3) 该企业本年的利润总额;

(4) 该企业本年应交所得税（假定没有调整事项,应纳税所得额等于利润总额,所得税税率为 25%）;

(5) 该企业的净利润。

五、业务题（每小题 4 分，共 40 分）

天成公司是一般纳税人，2019 年 12 月发生如下业务：

（1）从本市购入五金材料 5 000 元，增值税为 650 元。款项以银行存款支付，材料验收入库。

（2）生产甲产品领用材料 10 000 元，生产乙产品领用材料 10 500 元。

（3）以银行存款归还到期的短期借款 6 000 元。

（4）收到上月销货款 12 500 元存入银行。

（5）以银行存款归还应付宏远公司购货款 8 200 元。

（6）向银行借一年到期的款项 10 000 元存入银行存款账户。

（7）采购员王明预借差旅费 830 元，以现金支付。

（8）外商以新专用设备对企业投资，国内市场价为 800 000 元，双方合同约定 500 000 元为注册资本金，另 300 000 为资本溢价。

（9）本期销售产品，总价款为 1 000 000 元，增值税为 130 000 元。款项均已存入银行。

（10）结转已销产品的生产成本 700 000 元。

要求：根据上述业务编制会计分录（增值税要求写出明细科目）。

模拟试题（八）

一、单项选择题（每小题 2 分，共 20 分）

1. 下列会计要素中，属于静态会计要素的是（　　）。

    A. 资产

    B. 收入

    C. 费用

    D. 利润

2. 由过去的交易或事项形成，并预期会导致经济利益流出企业的现时义务称为（　　）。

    A. 负债

    B. 资产

    C. 所有者权益

    D. 费用

3. 在下列会计核算的基本前提中，确定了会计核算空间范围的前提是（　　）。

    A. 会计主体

    B. 持续经营

    C. 会计分期

    D. 货币计量

4. 下列会计科目中，属于资产类科目的是（　　）。

    A. "预付账款"科目

    B. "应付账款"科目

    C. "应付票据"科目

    D. "递延收益"科目

5. 有限责任公司收到投资者货币资金投资，一方面使"银行存款"增加，另一方面使（　　）增加。

    A. "实收资本"

    B. "主营业务收入"

    C. "盈余公积"

    D. "长期借款"

6. 企业借入银行取款备用，一方面使"库存现金"增加，另一方面使（　　）减少。

    A. "长期借款"

    B. "银行存款"

    C. "短期借款"

    D. "应付票据"

7. 企业用银行存款购买价值很高的生产设备，一方面使"银行存款"减少，另一方面使（ ）增加。

A. "材料采购"

B. "固定资产"

C. "原材料"

D. "在途物资"

8. 静态会计恒等式包含的会计要素是（ ）。

A. 资产

B. 利润

C. 费用

D. 收入

9. 下列会计科目中，属于负债类科目的是（ ）。

A. "投资收益"科目

B. "制造费用"科目

C. "应付票据"科目

D. "生产成本"科目

10. 下列账户中，属于损益类账户的是（ ）。

A. "生产成本"账户

B. "制造费用"账户

C. "管理费用"账户

D. "长期待摊费用"账户

二、多项选择题（每小题2分，共10分）

1. 下列会计要素中，属于动态会计要素的有（ ）。

A. 资产

B. 收入

C. 费用

D. 利润

2. 下列各项中，属于会计基本假设的有（ ）。

A. 权责发生制

B. 会计主体

C. 会计分期

D. 货币计量

3. 下列会计科目中，属于负债类科目的有（ ）。

A. "预付账款"科目

B. "预收账款"科目

C. "应付账款"科目

D. "长期待摊费用"科目

4. 在以下各项中，属于期间费用的有（ ）。

A. 制造费用

B. 管理费用

C. 销售费用

D. 财务费用

5. 下列账户中，属于损益类的有（ ）。

A. "生产成本"账户

B. "销售费用"账户

C. "管理费用"账户

D. "投资收益"账户

三、判断题（每小题1分，共10分）

1. "借"和"贷"仅仅是记账符号，不同性质的账户借贷表示的增加或者减少的方向不同。（ ）
2. 企业采购时的未付账款可以作为应付账款反映。（ ）
3. 企业收入的形成一定会形成资产的增加。（ ）
4. 会计分期规定了会计核算的空间。（ ）
5. 会计科目是根据会计账户设置的。（ ）
6. 材料采购过程中发生的运杂费一般记入管理费用。（ ）
7. 工业企业销售原材料作为主营业务收入处理。（ ）
8. 任何会计账户都有期初余额、期末余额、本期增加额和本期减少额。（ ）
9. 工业企业生产产品的原料一般记入"库存商品"。（ ）
10. 股东投入企业的资本一般增加"盈余公积"。（ ）

四、计算题（每小题4分，共20分）

某企业2020年6月相关账户的金额如下表所示。

相关账户金额　　　　　　　　　　　　　　　　单位：元

账户名称	期初余额	借方发生额	贷方发生额
银行存款	10 000	5 000	3 000
原材料	20 000	10 000	5 000
短期借款	30 000	10 000	8 000
应付账款	20 000	5 000	8 000
实收资本	90 000	3 000	5 000

其他账户的金额忽略。

要求：计算上述5个账户2020年6月末的期末余额，需要详细写明计算过程。

五、业务题（每小题 4 分，共 40 分）

晨风公司是一般纳税人，2020 年 7 月发生如下业务：

（1）从银行提取现金 40 000 元，备发工资。

（2）预收 S 企业交来的预付货款 44 400 元，已存入银行。

（3）从环球公司购进甲材料 5 000 千克，单价 18 元/千克；乙材料 3 000 千克，单价 25 元/千克，增值税税款 21 450 元。款项以银行存款支付，材料尚未收到。

（4）以现金支付上述甲、乙两种材料运费 2 000 元，按材料重量比例分摊运费。

（5）上述材料运到，经验收入库，计算并结转采购成本。

（6）生产产品领用甲材料 60 000 元。生产车间一般耗用甲材料 6 000 元。

（7）借入 3 个月期限的银行借款 20 000 元。

（8）计提上述借款利息 600 元。

（9）分配本月工资 40 000 元，其中，A 产品生产工资 30 000 元，车间管理人员工资 7 000 元，厂部管理人员工资 3 000 元。

（10）产品完工入库，其生产成本 29 200 元。

要求：根据上述经济业务编制会计分录（增值税要求写出明细科目）。

参 考 文 献

[1] 许家林.西方会计学名著导读［M］.北京：中国财政经济出版社，2004.
[2] 刘峰.会计学基础［M］.北京：高等教育出版社，2000.
[3] ［美］安东尼，［美］霍金斯，［美］麦切特.会计学：教程与案例［M］.王立彦，译.北京：机械工业出版社，2001.